Fibelkorn

Die schwarze Kunst der Programmierung

Fibelkorn

DIE SCHWARZE KUNST DER PROGRAMMIERUNG

oder: Wie man etwas ganz Schwieriges lernt
ohne zu verzweifeln

–

wie das berüchtigte

semele verlag berlin

Die Deutsche Bibliothek: CIP-Einheitsaufnahme
Fibelkorn: Die schwarze Kunst der Programmierung
oder: Wie man etwas ganz Schwieriges lernt ohne zu verzweifeln – wie das berüchtigte C++

Berlin, Semele Verlag 2007.
ISBN 978-3-938869-10-9

© bei semele verlag berlin 2007

Das Werk, einschließlich all seiner Teile, ist urheberrechtlich geschützt. Jede Verwertung ohne Zustimmung des Verlages ist unzulässig. Dies gilt insbesondere für Vervielfältigungen, Übersetzungen, Mikroverfilmungen und die Einspeicherung und Verbreitung des Werkes in elektronischer Form.

Satz und Layout: superfluxus media Berlin
Druck und Bindung: GGP Media GmbH, Pößneck
Printed in Germany
Erste Auflage 2007

Gebrauchsanweisung

Die meisten Programmierungsbücher erzeugen den Eindruck, als ob die Kunst der Programmierung darin bestünde, Tausende von kryptischen Befehlen im Kopf zu haben – und jederzeit abrufen zu können. Und doch gibt es nichts Irrigeres als dieses Vorurteil. Gewiss, es gibt Tausende von Befehlen, und man kann diesen Tausenden noch einige selbstgeschriebene Tausend hinzuzufügen. Insofern ist es zwangsläufig so, dass ein Computerprogramm dem Anfänger erscheinen mag wie ein fremdartiges Zeichenlabyrinth. Die entscheidenden gedanklichen Mechanismen hingegen summieren sich vielleicht auf zwei Dutzend Operationen, nicht mehr. Genau auf diese Mechanismen will sich dieses Buch konzentrieren.

Dies scheint mir umso dringlicher, als mir aufgefallen ist, dass Autodidakten, die jahrelang und mit beträchtlichem Geschick programmieren, noch immer an einigen dieser Klippen scheitern – dass sie beispielsweise nicht begreifen, was ein Pointer ist. Dabei könnte man sich dies in ein paar Minuten klarmachen. Nun geht das nicht nur auf persönliches Unvermögen zurück, sondern hat auch mit der Art und Weise zu tun, wie Programmierung gelehrt wird: In der Regel nämlich präsentiert man die jeweilige Sprache wie eine Geheimwissenschaft, die man nur erlernen kann, wenn man bereits zu den Eingeweihten gehört oder wenn man, wie ein mittelalterlicher Mönch, ganze Bücher abzuschreiben bereit ist.

Genau dies möchte das vorliegende Buch unter allen Umständen vermeiden. Aus diesem Grund konzentriert sich die

Erzählung vor allem darauf, ein Verständnis für die grundlegenden Mechanismen der Programmierung herzustellen, und lässt alles beiseite, was für das Verständnis unerheblich ist.

Man wird dabei in die Grundzüge von C++ eingeführt, das ja als das Latein der Programmierung gilt.

Werde ich danach programmieren können, lautet die Frage? Ja, lautet die Antwort. Und das wichtigste ist: Ich kann, auch wenn ich noch nicht alle Vokabeln gelernt, die Grundzüge der Sprache überschauen.
Dennoch wird man in der Praxis noch eine gewisse Zeit brauchen, um sich wirklich heimisch zu fühlen. Dabei sind freilich die Entwicklungswerkzeuge, wie etwa Microsofts Visual C++, eine große Hilfe – werden sie doch allesamt mit großen Hilfsdateien ausgeliefert. Was ihnen fehlt, nämlich eine Einführung in die Prinzipien der Programmierung, will dieses Buch vermitteln.

Berlin, im Januar 2007

Wie alles anfing, ach Gott

Ganz weit oben im 157. Stock sitzt ein mächtiger Mann. Genau besehen ist es nur ein Männchen, gerade mal so groß wie Boris mit der Zahnspange – aber wenn man draußen steht, im Schatten des Hochhauses, stellt man sich werweißwas vor. **WIR SIND DIE GRÖSSTEN** heißt die Firma, und der Größte der Größten – aber das habe ich doch gerade erzählt, oder? – sitzt im 157. Stock. Und was macht er da? Naja. Er herrscht. Über den Turm und die 156 Stockwerke darunter, über den Fahrstuhl, den Getränkeautomaten und die Tiefgarage. Eigentlich hat die Nummer Eins ja einen richtigen Namen, aber alle nennen ihn bloß Nummer Eins. Wie er wirklich heißt, daran kann oder will sich niemand erinnern, denn das ist Chefsache und hochgeheim. Gottweißwarum. Vielleicht weil er in Wahrheit so einen ganz und gar läppischen Namen hat, wie *Blattschuss* oder *Schussimtee* oder wie mein Onkel Eduard, der *Nichtbeitrost* heißt mit Namen und stets bemüht war, diesem alle Ehre zu machen. Wahrscheinlicher jedoch ist's, dass er bloß keine Verwendung für seinen Namen mehr gehabt und ihn aus diesem Grund abgelegt hat – wie eine Zahnspange, oder diese häßlichen, leicht angedetschten Regenschirme, die in den Garderoben liegen bleiben bis zum Sankt Nimmerleinstag. Aber egal. Im Übrigen reicht es schon, dass man, wenn man im Haus herumgeht und einmal laut und vernehmlich sagt: »Nummer Eins«. Und augenblicklich ist es mucksmäuschenstill. Allüberall. Und der Pförtner wagt nicht mal, den Bissen seines Schmalzbrotes runterzuschlucken – sondern sitzt mit vollem Mund, und es hat ihm die Sprache verschlagen. Und wenn man diesen Test macht, weiß man, dass die Nummer Eins ganz obenauf sitzen muss. Ich frage mich bloß, ob er, wenn man das alles nicht wüsste, groß was hermachen täte? Wie zum Beispiel ein Marsmensch ihn anschauen würde. Oder der Fensterputzer, der da oben, mit seiner Bergsteigerausrüstung, in schwindelnder Höhe am Haus hängt und in sein Büro hineinschauen kann? Zuallererst würde er gar nichts sehen, bloß eine Rauchwolke, die da in einem riesenhaften Ohrensessel sitzt und vor sich hinraucht. Und dann, auf den zweiten Blick, eine gewaltige Knubbelnase, die jeden anblitzt, der es wagt, auch nur seine eigene Nase in den Türspalt hineinzustecken. Was er da macht? Er raucht und denkt und raucht und denkt. Und manchmal, da raucht seine Riesenzigarre ganz allein vor sich hin und er sitzt und denkt, ohne zu rauchen, bloß umwölkt. Dann aber ist es wirklich ernst, sagt seine Sekretärin. Dann brütet er über der Frage, die ihn stets und ständig beschäftigt hat, nämlich wie die Größten noch größer werden können. Wie aber kann man größer werden, wenn alles immer kleiner wird? Die Stereoanlage in der Ecke beispielsweise ist immer weiter geschrumpft, jeden Frühling ein bisschen, und das Telefon auch und die Kurven mit den Gewinnen an der Wand ganz besonders. Irgendwann haben sie begonnen, sich bergab zu bewegen – und logischerweise müsste das Haus selbst, mit seinen 157 Stockwerken, jedes Jahr ein bisschen schrumpfen. Logischerweise. Aber die Aussicht ist schön. Und wer sagt, dass eine schöne Aussicht logisch ist? Sie ist schön, und das heißt: *logisch unlogisch*. Man sieht die Stadt, die jeden

Tag vor sich hinzurauchen beginnt, mit ihrem Verkehr, der sich staut und in der Stauung gen Himmel stinkt. Hier, etwas über der Stadt, wird daraus ein wunderbarer Dunst: eine Mischung aus Grau, Gelb und Orange, ein Zwielicht, das nur von ganz oben (wo das Weiß der Wolken beginnt) wirklich zu genießen ist. Es ist geradezu, als ob die Stadt selbst in einer Art Riesenohrensessel säße und vor sich hinbrütete. Jaja, so war das. Da lag die Stadt und träumte von einem Riesenkühlschrank mit einer Riesenpizza Hawaii, einer Kingsize-Coke und einer Extraportion Eis – und im Fernsehen flog Dumbo, der Elefant mit den großen Ohren, durchs Bild. Naja, wenn die Nummer Eins nicht so hässlich wäre, könnte man sagen, dass sie ausschaut wie Dumbo, der Elefant, bloß dass da ein gigantischer Kopf mit Riesenrüssel und Riesenohren auf einem ziemlich kleinen, eher mausartigen Körper sitzt.

Nur dass auch die Aussicht jetzt nicht mehr so schön ist wie früher. Weiß Gott, wie das angefangen hat. Irgendwie, irgendwann hat sich der Himmel gelichtet, und dort, wo man, vom Dunst gebrochen, die Punkte am Boden geahnt hat, sieht man jetzt klarer – aber je klarer man sieht, desto kleiner sieht all das aus. Man könnte sagen: da braut sich irgendetwas Großes zusammen, bloß, da ist gar nix zu sehen. Oder wenn (aber das ist bloß eine Theorie und so gewagt wie der Kosmos der Schwarzen Löcher, der Braunen Zwerge etc.) – so braut sich das Nichts dort unten zusammen. Das ist ein Aufstand der Nullen, sagt sich die Nummer Eins, aber das ist natürlich nicht sehr beruhigend. Eine Null für sich allein sieht vielleicht aus wie der Pförtner Himmelhuber, also wie ein Frührentner mit Butterstulle und drei silbrigen Haaren obenauf, aber wenn sie in Masse daherkommen...

Ach, das habe ich ganz vergessen zu erzählen. Denn wenn die Nummer Eins denkt und raucht, so läuft stets ein Fernsehermonitor, nein, eine ganze Batterie von Monitoren, für jedes Stockwerk einen, und da sieht die Nummer Eins ganz genau, was die Nullen in den 156 Stockwerken darunter so treiben. Zu diesem Zweck hat er ein großes Kommandopult vor sich, eine Riesenfernbedienung mit 999 Knöpfen. Da drückt man drauf und schwuppdiwupp, erscheint der Büroschwengel aus dem 37. Stock auf dem Schirm und wie er die Vorzimmerdame immerfort damit erschreckt, dass er sich hinter ihr aufbaut und einmal laut: »Vorsicht, die Nummer Eins« sagt. Da sieht man, wie sich ein Witz von einer Etage zur nächsten ausbreitet, oder wie jemand, hässlicherweise, ein Kaugummi auf den Stuhl seines Büronachbarn klebt (und sich dann eingehend mit dem Gießen des Gummibaums beschäftigt).

Aber auch dieses Fernsehprogramm hat merkwürdig nachgelassen – so wie der Blick aus dem Fenster. Die Vorzimmerdame z.B. erschrickt nicht mehr wirklich, wenn sie seinen Namen hört, sondern liest einen Diätratgeber. Ja, selbst die Herren aus dem 156. Stock, die Jahr um Jahr jeden Montag im Besprechungszimmer gesessen sind und ihn dabei bewundert haben, wie er elegante Rauchwölkchen gen Him-

mel schickt – selbst diese Bande ist merkwürdig aufsässig geworden, und so lümmeln sie sich in ihren Chefsesseln und popeln in der Nase herum. Irgendwie, so sagt sich die Nummer Eins, ist die ganze schöne Aussicht dahin. Einmal, in einem Traum, hat er in seinem Zimmer gesessen, seine Riesenzigarre geraucht und plötzlich gewusst, dass die hundertsechsundfünfzig Stockwerke unter ihm sich aufgelöst haben, dass sie verbrannt sind wie die Zündkapseln einer Rakete – und er hat sich gedacht, mein Gott, die schießen mich auf den Mond. Und da hat er die Knöpfe gedrückt, aber auf jedem Bild waren bloß kleine Ameisen zu sehen, oder Termiten; aber dafür kann der Traum nichts, denn die habe ich ihm eingeträufelt – und auch bloß deshalb, weil ich in einem Buch gelesen habe, wie ein Mann, nachdem er bloß einen Tag lang aushäusig war, in sein Haus kommt, seinen Hut auf den Tisch legt, und der Tisch sich in eine Staubwolke auflöst. Vor Schreck setzt der Mann sich auf einen Stuhl, aber dann sitzt er gleich auf dem Boden. Ganz benommen versucht er sich am Türrahmen abzustützen, aber dann fällt ihm das ganze Haus auf den Kopf. Und natürlich denkt sich die Nummer Eins, 156 Stockwerke und alle termitenzerfressen...
Naja, freundlich ist es nicht gerade, den Leuten einen Schreck einzujagen, aber irgendwie muss man die Geschichte ja ein bisschen auf Trab bringen – auch wenn es unlogisch ist, denn die Termiten machen sich an alles ran, bloß nicht an Gerippe aus Stahl und Beton. Aber so wie eine schöne Aussicht logisch unlogisch ist, kann auch ein unlogischer Traum nützlich sein. Und seit diesem Traum ist nichts mehr wie zuvor. Zwar sind die Größten noch immer die Größten, aber wenn er da in seinem Sessel sitzt, und seine Knubbelnase den Rauch inhaliert, stellt er sich

vor, dass die Schecks, die er unterzeichnet, keine Nullen mehr haben, dass da nicht 100.000, sondern bloß eine mickrige kleine 1 steht.

Und eines Tages, endlich, ist der Groschen gefallen. Ha, ruft er, jetzt hab ich's. Wenn mir die Nullen abhanden kommen, so deswegen, weil jede, aber auch jede Null sich einbildet, dass sie auch eine Eins sein könnte. Das ist Revolution! Aber woher, in Gottes Namen, kommt diese Aufsässigkeit? Was hat sich verändert in unserem Turm? – Und er springt aus seinem Sessel auf (was er seit fünfundzwanzig Jahren schon nicht mehr gemacht hat) und tapert auf seinen kleinen Stummelbeinchen durchs Zimmer. Naja, und dann fällt sein Blick auf den Bildschirm. – Das ist die Lösung!, ruft er, das ist die Lösung! Ich schaue sie an, aber sie schauen nicht mehr nach oben, sondern sie schauen auch auf den Bildschirm. Eigentlich müsste da ja mein Bild zu sehen sein, aber da sind die blödsinnigen Nullen und Einsen zu sehen. Das muss ein Ende haben!

Naja – ihr könnt euch schon denken, dass dies nicht das Ende, sondern der Anfang unserer Geschichte ist. Denn wenn man eine Null, die glaubt, eine Eins sein zu können, beherrschen will, langt es nicht, dass man sie überwacht – denn man weiß ja nie, was sie sich in diesem Augenblick schon wieder einbildet. Bei der Vorzimmerdame z.B. weiß man nie, ob sie liest oder ob sie bloß träumt. Sie hat diesen etwas blöden, verträumten Gesichtsausdruck, sitzt da, stiert auf ihren Bildschirm – und wer weiß, wo sie in Gedanken jetzt ist. Und so ist es mit allen. Sie sind da, aber sie sind weg. Und wenn sie weg sind, sind sie doch immer noch da. Sie tun so, als seien sie da. Und daraus kann man ihnen schließlich keinen Strick drehen.

Was macht ein König, der einen Kopf hat, so groß wie ein Gondolfiere-Ballon, aber keinen Körper?

Jetzt müssen wir die Geschichte aber wirklich auf Trab bringen. Klar, ich könnte euch mit der Guillotine kommen und dass das Dilemma der Nummer Eins schon ein ziemlich alter Hut ist, aber das wäre doch ein ziemlich beschwerlicher Umweg. Denn das wäre, als ob man die ganzen 157 Stockwerke, samt Tiefgarage, von Grund auf neu aufbauen müsste. Und so lassen wir den Fensterputzer, der schon die ganze Zeit am Fenster hängt (und so tut, als putzte er Fenster), mit einem großen Schwupps ins Zimmer springen. Und damit es nicht ganz so auffällig aussieht, kommt eine Riesenwindböe herbei, die ihn erfasst und wie einen Actionhelden durchs Fenster hinein katapultiert. Und da landet er, schwuppdiwupp, gleich auf dem Schreibtisch der Nummer Eins.

– Was haben Sie auf meinem Schreibtisch zu suchen?

– Naja, ich bin die Lösung, würde ich mal sagen. Ich meine, ich hänge schon die ganze Zeit da am Fenster – und denke mir, warum kommt dieser Mann hier nicht endlich auf den Trichter.

– *Soso.*

– Ja. Sie müssen wissen, ich hänge ja nicht bloß vor ihrem Fenster herum. Man sieht allerlei. Was da so abgeht in den Büros. Verstehen Sie?

– *Nein, machen Sie lieber, dass Sie von meinem Schreibtisch verschwinden.*

– Sehen Sie, das ist typisch für Sie. Sie reden vom Schreibtisch, wo ich vom ›Desktop‹ rede. Sie sind veraltet, hoffnungslos.

– *Kommen Sie mir nicht so, junger Mann. Ich bin der Größte. Sonst säße ich nicht hier.*

– Also wenn Sie mich fragen, jedes Kind kann sehen, was Ihnen fehlt.

– *Bitte?*

– Wo, zum Beispiel, steht hier ein Computer herum.

– *Was soll ich mit einem Computer? Staubfänger.*

– Ich habe doch richtig gehört. Sie haben ein Problem mit den Nullen. Und für ein solches Problem gibt es nur eine Lösung, und zwar, dass Sie endlich begreifen, wie das funktioniert mit der Null und der Eins. Lernen Sie programmieren...

– *Raus, sage ich. Raus.*

Und der Fensterputzer, ein überaus gutgezogener Mensch, nimmt Anlauf und springt mit einem schönen, eleganten Kopfsprung aus dem Fenster hinaus (keine Angst, er ist angeseilt) – und während er hinab in die Tiefe schwebt, wirft er der Sekretärin eine Kusshand zu, mein Gott, was für ein Mann!

Aber ist ein Gedanke erst einmal im Kopf, bleibt er hängen. Mehr noch: er beginnt sich zu drehen, ganz langsam, dann immer schneller, und schließlich summt er wie der Motor eines Modellflugzeuges und dreht sich und dreht sich und dreht sich. Vielleicht, so denkt sich die Nummer Eins, hat dieser Eindringling Recht gehabt. Denn wenn man aus dem Fenster schaut (das jetzt wunderbar blankgeputzt ist), sieht man, dass die vermeintlichen Nullen keineswegs ungeschäftig geblieben sind, sondern dass sich allüberall, um das Hochhaus herum, derlei Winzlinge breit gemacht haben. Und überall surren diese kleinen, viel zu kleinen Maschinchen, geschehen Dinge, die sich die Nummer Eins einfach nicht erklären kann. Denn die Winzlinge werden groß und größer. Und so reift, ganz allmählich, ein Beschluss in unserem Helden heran, ein Beschluss, der ihm umso leichter fällt, als er einen viel zu großen Kopf und fast keinen Körper mehr hat. Denen werde ich's zeigen! Die werde ich mit ihren eigenen Waffen aus dem Feld schlagen. Also lerne ich programmieren!

Ach, wenn unsere Nummer Eins wüsste, worauf sie sich da eingelassen hat. Wo fängt man an? Natürlich fängt man mit einem Buch an. Aber was wäre das für ein Buch? Und weil die Nummer Eins das nicht weiß, wird der Büroschwengel (der Schrecken aller Vorzimmerdamen) in die Welt hinausgeschickt, um das Buch herbeizuschaffen, mit dem man das Programmieren erlernt. Aber anstatt ein vernünftiges Handbuch auf den Tisch zu legen, kommt er unverrichteter Dinge wieder zurück und lässt vorsichtig anfragen, ob man denn wisse, welche Sprache man erlernen wolle, es gäbe da, sozusagen, eine babylonische Sprachenvielfalt (wo er das her hat, der Stenz!). In Gottes Namen, knurrt Nummer Eins, bring mit, was Du findest.
Und siehe da, es ergießt sich eine ungeheure Bücherladung ins Zimmer, viele hässliche kleine Bücher, bunt und aus festem, eckigen Karton und mit kleinen Silberscheiben veredelt. Gewiss, sie sind hässlich, aber es sind überaus nützliche Bücher, mit nützlichen Anweisungen darin. Will man z.B. wissen, was ein ›enabled plugin‹ ist, so kann man darin nachlesen, dass es »das Objekt an[gibt], das für den angegebenen MIME-Typen vorgesehen ist, d.h. das den MIME-Typ verarbeiten kann. Ist dieses Objekt nicht vorhanden, ist der Inhalt *null*.« Wirklich, man erfährt alles, und weil unser Held eine merkwürdige Neigung zum Dollar hat, bleibt er bei der folgender Stelle haften:

```
$[1..9] Speichert gemerkte Bestandteile eines regulären
Ausdrucks, also geklammerte Teile.
```

Aber was ist ein »regulärer Ausdruck«? Und was ein »gemerkter Bestandteil« – und warum sind gemerkte Bestandteile, was immer das sein mag, identisch mit »geklammerten Teilen«?

Ach, war die Entscheidung, das Programmieren zu erlernen, ein Gedanke, der in seinem Kopf herumgetanzt hat, wie der fröhlich dahinsummende Motor eines Modellflugzeuges, so ist die Enttäuschung nun umso tiefer, stürzt das kleine Modellflugzeug kopfüber ins Nichts. Vielleicht, so denkt sich die Nummer Eins, habe ich ein abscheulich schlechtes Buch erwischt. Also greift er zum nächsten, frohgemut – da prangt ihm das Bild eines gewissen Herrn Seeboerger-Weichselbaums entgegen, und er liest, dass der Herr Seeboerger-Weichselbaum an praktischen Fragen, nicht an abstrakten Theoriekapiteln interessiert ist. Ein Praktiker, denkt sich die Nummer Eins, hocherfreut, aber schon auf der nächsten Seite steht etwas von *Tags* und *Entities* und *enabled plugins*, und so geht es weiter und immer weiter. Und je mehr er liest, desto verwirrter wird er. Nicht bloß, dass die Wörter ihn in eine sonderbare Fremde hinausführen, es ist, als sei er in eine Welt von lauter Buchstabenmonstern hineingeraten, nur dass sie, statt der Drachenflügel, geschweifte Klammern {✸} tragen oder in Panzern stecken [✲], oder dass sie ihre Mäuler aufreißen < oder Hörner zeigen // ✜ ||. Gewiss, sie beißen nicht wirklich, aber in der Nacht träumt er doch, dass ganze Armeen von Buchstaben über ihn herfallen, und dass einzelne ganz besonders gefährliche Spezimen sich an seiner schönen Knubbelnase zu schaffen machen. Und plötzlich ist er wieder ein Kind, das kleine *Scheißerlein*, das da auf einem Spielzeugpferd sitzt und nicht in das Buch hineinschauen möchte, das auf dem Tisch liegt, denn es sind gar keine Bilder darin, bloß diese schrecklichen Striche und Zacken, die die

Großen entziffern und dann behaupten sie, dass es ganz einfach sei, schau doch mal her, das ist ein großes A und das ist ein kleines – und plötzlich fällt ihm ein, dass ihm alles durcheinandergeraten ist, das große A und das kleine, das X und das U – und er wacht auf, schweißgebadet, und ruft: Genug! Es ist genug!

Und er greift zu seinem roten Telefon und bringt die Vorzimmerdame auf Trab (oder reißt sie aus dem Bett, denn sie hat gerade von irgendetwas Wunderbarem geträumt). *Auf der Stelle*, donnert es aus der Ohrmuschel heraus und genau in ihr Ohr, *in einer Stunde erwarte ich Sie!*, und weil sie weiß, dass das alles andere ist als ein Scherz, reißt sie den Stenz aus dem Bett und der alarmiert den Chef des Sicherheitsdienstes und der seine Getreuen – und so macht sich nächtlings eine ganze Armee von Helfern und Helfershelfern auf den Weg, um herbeizuschaffen, wonach es der Nummer Eins gelüstet, nämlich den Gott der Programmierer, die absolute Nummer Eins auf diesem Gebiet.

Ich weiß nicht, ob ihr die Leute vom Sicherheitsdienst kennt, aber ich selbst würde denen ungern bei Tage begegnen, geschweige denn nachts um halb drei. Wenn ich Herbie nehme z.B., so sieht er aus wie jemand, der schon sehr viel Fernsehen gesehen hat in seinem Leben – was man daran erkennt, dass auch in diesen Filmen Leute auftauchen, die genauso aussehen wie Herbie, mit glattrasierten Schädeln, weißblondgefärbten Haarstoppeln und furchterregenden Eisenmuskeln. Und natürlich tragen sie Hemden, die so eng sind, dass ihnen der Kragen platzt – und wenn man Herbie sieht, denkt man sich, besser nicht.

Zwar glaube ich nicht, dass Herbie weiß, was unter einem »regulären Ausdruck« zu verstehen ist, aber selbst wenn man der Gott der Programmierer ist und keine Lust hat, sich aus dem Haus zu bequemen, kann einen sein Gesichtsausdruck schön kirre machen. Ich würde sagen, wenn es einen *irregulären* Ausdruck gibt, so steht er auf Herbies Gesicht – und ich frage mich, ob sich sowas überhaupt antrainieren lässt. Wie auch immer: die Mission ist erfolgreich, wie alles, was die Nummer Eins anfasst – und so steht, genau um 5.27, der *Gott der Programmierer* im 157. Stock. Zugegeben, der Anblick ist, um es gelinde zu sagen, irritierend, aber das kann natürlich auch an der nachtschlafenen Zeit liegen. Drehen Sie sich mal um, sagt die Nummer Eins, aber dann sieht er, dass das, was vermeintlich seine Rückseite gewesen war, doch die Vorderseite gewesen sein muss. Ja, jetzt erkennt er es deutlich, denn irgendwo zwischen den Haarsträhnen ragt der Rahmen eines Brillenglases hervor – und wenn man eine Taschenlampe darauf richtet, blitzt es zurück (kann Herbie bestätigen). Na, das fängt ja gut an, sagt er sich – und fragt sich, wann er das letzte Mal ein solches Subjekt zu Gesicht bekommen hat. Gewiss, man ist zwar selbst keine ausgesprochene Schönheit, aber immerhin noch ein Mensch, was man von diesem Gebilde nicht zweifelsfrei sagen kann... Dort, wo eigentlich das Gesicht sein müsste, hängen ihm spirrelige dünne Haare hinab. Über einer etwas schwabbeligen Brust trägt er ein T-Shirt (oder ein Nachthemd), auf dem eine zigarrerauchende Schildkröte zu sehen ist. Und je weiter man nach unten kommt, desto schwabbeliger und amorpher wird der Eindruck dieser Gestalt – und nur die giftgrünen Badezimmerlatschen geben dem Ganzen einen gewissen standfesten Eindruck.

Wenn wir Literaturforscher wären oder Dramaturgen, würden wir sagen, dass unser Kandidat ein klassischer **deus ex machina** ist – und das stimmt insoweit, als Herbie ihn sozusagen aus den Tiefen seiner Maschine hat herausangeln müssen. Die Frage ist bloß, wie so ein Fabelwesen aussehen soll? Meinerseits muss ich gestehen, dass ich vor diesem Anblick kapituliere und zum Unbeschreiblichen Zuflucht nehme, oder bestenfalls (wenn man mir denn unter Gewaltandrohung eine Personenbeschreibung abverlangte) sagen würde: er sieht aus wie eins jener unleserlichen Handbücher, nur mit grünen Badezimmerlatschen unten dran.

– *Name? Alter? Geschlecht?*

– Hängt davon ab, je nachdem.

– *Das hängt davon ab? Wovon, bitte schön, soll das abhängen?*

– Ja, wo ich mich einlogge halt. Ob der Name noch frei ist. Am Anfang hieß ich bloß **Wham!**, dann **MorbusXXL**, aber im Laufe der Zeit ist ne ganze Menge dazugekommen, **Koma4711, Brother Death** – irgendwann habe ich da selbst den Überblick verloren ...

– Sie meinen, Sie benutzen Namen, an die sich selbst schon nicht mehr erinnern können?

– Und, macht doch nix. Hab mir ein Tool geschrieben, das sich all das merkt und bei der passenden Gelegenheit abruft.

Ach, lieber Leser, manchmal gibt's Sätze, die einem unverhofft mitten ins Herz gehen können – nur dass dort, wo unsereins sein Herz hat, bei unserer Nummer Eins noch immer der Kopf sitzt; und so sitzt er, wie vor den Kopf geschlagen, lässt einen Blick über seine Überwachungsmonitore wandern und fragt sich, ob dieses Pseudounwesen nicht auch längst hier Einzug gehalten hat. Seine Sekretärin zum Beispiel: vielleicht heißt auch sie in Wahrheit ganz anders. Wie kann er sicher sein, dass die Leute diejenigen sind, die sie zu sein vorgeben? Gewiss, da steht ein Name in den Büchern und auf den Bürotüren, aber wer sagt, dass er stimmt? Nur ein kleines Leck in der Personalabteilung – und lauter dubiose Existenzen strömen herein. Wäre das nicht möglich? Und liegt nicht hier der Grund für die Aufsässigkeit, die sich allüberall breitgemacht hat? Dass die Leute das Gefühl haben, du kannst sie mal, weil sie mit einer Namenstarnkappe durch die Gegend laufen. Ist nicht dieser unverschämte Blick des Büroboten ein Beweis dafür? Und wer weiß, ob nicht auch die Bilder, die ihm von den Überwachungskameras geliefert werden, tatsächlich echt sind oder nicht vielmehr Aufzeichnungen?

– Vater? Mutter? Ausbildung? Wo haben Sie studiert?

– Hä?

Wenn's hier mit rechten Dingen zuginge, wäre dieses kleine Einstellungsgespräch schon zu Ende gewesen – denn wenn die Mächtigen dieser Welt etwas hassen, so ist es, wenn sich jemand nicht ausweisen kann, und besonders, wenn es Nacht ist und die Uhr 5:47 zeigt. *Wer sich nicht ausweist, der fliegt*, lautet die Losung – und so ungemütlich wie unsere Nummer Eins schaut unterdessen auch Herbie aus seinem platzenden Hemd, und wir wollen uns gar nicht erst ausmalen, was passieren würde, wenn unser Programmierergott, schwuppdiwupp, aus dem Fenster hinaus — ach Gott! Aber wozu schreibt man Geschichten, wenn nicht dazu, um im entscheidenden Augenblick intervenieren und den Lauf der Dinge verändern zu können. Nun ja, eigentlich tue ich dergleichen nur in Notfällen, aber Herbie hat jetzt schon mal die Brust aufgepumpt, die Muskeln gestrafft und einen Zornesmuskel auf seine Nase hinausgezaubert – was in seinem Fall *Notfall!* bedeutet.

– Sie wollen wissen, was mich qualifiziert? Barclay's 1986. Das Cern in Genf. NASA, MIT... Deutsche Bank....

– *Verstehe. Dort haben Sie gearbeitet – NASA immerhin. Und in welcher Funktion?*

– Naja, ich hab den Laden halt übernommen.

– *Sie haben – Wie haben Sie das gemacht?*

– Na, ich bin rein und habe mir die Administratorenrechte gekrallt, die anderen rausgekickt – und das war's. Fanden die nicht gerade lustig...

– *Wenn Sie sagen »gekrallt«, wollen Sie damit sagen, dass es dabei nicht mit rechten Dingen zugegangen ist...*

– Was denken denn Sie?

> Und unser Programmierergott beginnt glucksend zu lachen. Und Herbie, der Wachmann, lässt seine Hand zum Oberschenkel hinab gleiten.

Ach, lieber Leser. Man kann eine Wahrheit zurechtmachen, wie man will, aber letztlich will sie doch immer ans Tageslicht (schon allein, um sich damit zu brüsten). Und die Wahrheit ist, dass unser Programmierergott weder Lust hat noch je dazu fähig wäre, unserem Helden die Prinzipien der Programmierung beizubringen. Es gibt soviel interessantere Dinge zu tun. Und die andere Seite der Wahrheit ist, dass auch unsere Nummer Eins nicht die geringste Neigung verspürt, sich einer solch dubiosen Gestalt anzuvertrauen, wo kämen wir denn da hin? Und wenn ich, der

Verfasser dieser Geschichte, mich nicht erbarmt und in die Rolle des lustlosen Hackerfürsten geschlüpft wäre, wäre sie jetzt zu Ende. Nun kann ich nicht gerade behaupten, dass ich ein würdiger Stellvertreter wäre – im Gegenteil. Denn er ist – im Gegensatz zu mir, der ich über allenfalls mittelmäßige Fertigkeiten verfüge – wirklich ein Genie, sofern man sich in jener Welt bewegt, wo derlei geschätzt wird. Andererseits weiß ich nicht, ob man sich wohlfühlen soll in seiner Haut. Zum Beispiel finde ich es überaus unangenehm, dass ich jetzt (da ich mit einem Schwupps in seine Körperfülle geschlüpft bin) nun nicht mehr meine Fußspitzen sehen kann, sondern bloß diesen Pizzabauch mit drei schwarzen Haaren darauf, das ist wirklich unangenehm...

Freilich: bevor ich mich um mich selbst kümmere, gilt es erst einmal den Schaden zu bereinigen, muss Herbie erst einmal aus der Schusslinie gebracht werden (*Schau doch mal draußen auf dem Flur, ob Du etwas Verdächtiges bemerkst?*) und muss unser Held einer kleinen, sagen wir, »Neutralisierung« unterzogen werden.

Aber da deutet die Nummer Eins schon auf den Stapel Bücher, der dort, wie ein großer Vorwurf, in der Ecke liegt.

– *Also, Sie verstehen das alles?*

– Ja, im Prinzip schon ...

– *Ich habe nicht danach gefragt, ob Sie das »im Prinzip«*

verstehen, sondern – Aber egal. Wollen wir doch einmal sehen, was Sie können.... warten Sie –

Und dann nimmt er wahllos ein Buch vom Stapel und schlägt es auf:

Also: pDX Komma IDC_ALIGNMENTCOMBO Komma Unterstrich AlignmentValue Komma Unterstrich T Klammerauf Zitat Alignment Zitatende Klamerzu Klammerzu Semikolon. – Können Sie mir sagen, was das bedeuten soll?

– Nein.

– *Ich verstehe Sie recht. Sie verstehen das nicht?*

– Vielleicht, wenn Sie mir eine Pizza bringen, mit Schinken, vielleicht verstehe ich es dann — Vorausgesetzt, dass Sie mir da nicht irgendeinen Spaghetti-Code vorsetzen....

– *Pizza. Oder Spaghetti...*

– Ja, Pizza. Spaghetti-Code, das ist, wenn jemand nicht weiß, was er schreibt — kann ja sein, dass Sie mir sowas Ungenießbares unterjubeln, und da sage ich Nööö, verstehe ich nicht.

> Herbie, der bislang ausdruckslos in der Ecke gestanden hat, nähert sich – schaut einigermaßen ungemütlich drein, so ungemütlich, dass unser Programmierergott, gerade noch überaus maulig, einen plötzlich überaus motivierten Eindruck macht. Von irgendwoher wird eine Filmmusik eingeblendet, ein neapolitanischer Trauermarsch. Mehrere Pizzabäcker kommen herein.

– *Ich versuch es noch einmal, ein letztes Mal. Also: Sie haben die Aufgabe, mich in die Programmierung einzuweisen. Und jetzt erklären Sie mir, wie Sie dies anstellen wollen. Welches Buch werden wir uns herausnehmen, welche Sprache werden wir lernen?*

– Welche Sprache?!

– *Ja, welche Sprache werden wir lernen?*

– Oh, da haben Sie eine wichtige Frage berührt? Warum überhaupt müssen wir uns zwischen dieser und jener Sprache entscheiden? Warum diese, warum keine andere? Vielleicht ist unser Dilemma, dass wir niemals die Sprache der Maschine selbst erlernen können.

– *Was erzählen Sie für einen Blödsinn. Wenn die Maschine eine Sprache hat, warum lernen wir dann nicht die Sprache der Maschine?*

– Schauen Sie sich doch einmal die folgenden Zeilen an und sagen mir, was Sie besser lesen können. Dies

```
10000000010101000000000100000000000001000011
10000000011101000000000100000000000110000111
```

oder dies:

```
Freude
Freund
```

Was lässt sich leichter unterscheiden?

– *Was für eine Frage!*

– Das ist aber die Antwort auf ihre Frage, und genau darin, in der Tatsache nämlich, dass wir nicht in der Sprache des Computers kommunizieren können, liegt der Grund für die babylonische Sprachverwirrung, dafür, dass es eine Unzahl von Programmiersprachen gibt: Fortran, Cobol, Basic, Pascal, C, C++, Java, Delphi usw. Strenggenommen ist jede Computersprache der Ausdruck einer gewissen *Sprachlosigkeit*, bedarf es immerfort eines unsichtbaren Hilfsmittels, um unsere Sprache zurück in die Sprache der Maschine zu übersetzen.

– *Sie meinen, wenn wir eine Sprache lernen, lernen wir nicht wirklich die Sprache des Computers, sondern nur die eines Übersetzers?*

– Genau, und wir sind hilflos und blind, wenn das Übersetzerprogramm sich nicht auf unserem Rechner befindet. Und so wie die Blinden ihre Blindenschrift brauchen, brauchen wir auch einen digitalen Übersetzer. Das heißt: wir sprechen also niemals direkt, sondern immer nur über diesen Vermittler.

– *Wir sprechen niemals direkt?*

– Nein, welche Sprache wir auch immer benutzen, ob Cobol, Fortan, C oder Java, wir haben es stets mit einem digitalen Blindenhund zu tun.

⠠⠍⠑⠊⠝ ⠠⠛⠕⠞⠞⠂ ⠺⠁⠎ ⠋⠼⠗ ⠑⠊⠝ ⠠⠎⠉⠓⠕⠉⠅*

---

* Mein Gott, was für ein Schock

– Es gibt zwei Übersetzertypen, einen, der sozusagen synchron seine Arbeit erledigt, also der Synchronübersetzer, und einen, der unseren Text in aller Ruhe durcharbeitet und anschließend ein druckfähiges, nein, ein *ausführbares* Programm liefert.

– *Gut, nehmen wir also einen Synchronübersetzer.*

– Warten Sie einen Moment, bevor Sie sich entscheiden. Diesen Synchronübersetzer nennt man *Interpreter* (also Übersetzer), und er kommt bei den Internetsprachen wie Ajax, Javascript oder Perl ins Spiel. Der Interpreter arbeitet, wann er gebraucht wird – und erst dann verwandelt er unsere Textzeilen in die Maschinensprache. Allerdings wird dieser Übersetzungsprozess nicht festgehalten. Genau diese Aufgabe aber hat der zweite Übersetzertyp, der *Compiler* oder *Assembler* genannt wird. Er verwandelt den Text in Maschinensprache und speichert ihn dauerhaft ab, als ein ausführbares (*executable*) Programm. In diesem Programm ist, was wir in unserer Sprachlosigkeitssprache ausgedrückt haben, nicht mehr vorhanden. Es ist reiner Maschinencode, nichts weiter. Infolgedessen ist, wenn man es startet, auch kein weiterer Übersetzungsprozess mehr nötig – und jeder andere Mensch kann ein solches Programm laufen lassen, auch dann, wenn er den Übersetzer selbst nicht besitzt. Darüber haben diese Programme den Vorteil, dass sie schneller ausführbar sind, vor allem aber: dass sie größere Aufgaben bewältigen können.

– *Das ist ja alles sehr hilfreich, aber was machen wir jetzt?*

– Die Frage ist, ob die Wahl der Programmiersprache tatsächlich entscheidend ist. Oder ob man nicht vielmehr sagen sollte, dass es bei der Programmierung um eine *Denkweise* geht, die allen Computersprachen letztlich gemeinsam ist. Und so sollte man sich nicht so sehr damit beschäftigen, bestimmte Ausdrücke, sodern vielmehr die *Prinzipien der Programmierung* zu erlernen.

– *Prinzipien der Programmierung, Denkweise, was soll denn das heißen?*

– Sie haben recht: man kann die Prinzipien der Programmierung nicht in einem abstrakten Sinne erlernen, sondern muss irgendwo anfangen (was ja die Bedeutung des *principium* ist). Und für den Anfang würde ich vorschlagen, dass wir uns die vornehmste, komplizierteste Sprache aussuchen: C++. Warum das, warum nicht irgendetwas Leichteres, könnten Sie fragen?

– *Sie nehmen mir das Wort aus dem Mund. Warum leicht, wenn's auch kompliziert geht?*

– Ich würde sagen: zum ersten, weil auch die vermeintlich schwierige Sprache nicht schwierig ist, zum zweiten, weil es nach dem Erlernen der Prinzipien keine Sprache mehr gibt, die man nicht mühelos erlernen könnte – einfach deswegen, weil man sich die *Denkweise* des Computers angeeignet hat. Der zweite, vielleicht noch bedeutendere Grund, der für C++ spricht, ist, dass man es hier mit einer sogenannten *objektorientierten* Sprache zu tun hat. Tatsächlich werden, wenn man sich an der Universität für das Fach Informatik einschreibt, die Studenten sämtlich mit dieser Sprache konfrontiert – hat man auf diese Art und Weise das Latein der Programmierung erlernt.

Lektion 1

Was ist eine Variable?

– *Blöde Frage. Eine Variable ist das, was sich ändert. Meine Laune. Oder das Wetter. Mal stürmt's, mal regnet's... Ist halt veränderlich, wie der Wetterbericht sagt.*

– Einverstanden. Nennen wir das Wetter mal eine *natürliche* Variable. Aber sowas interessiert mich eigentlich nur in Hinsicht darauf, ob ich einen ☂ mitnehmen muss, wenn ich aus dem Haus gehe.

– *Was soll denn das heißen? Natürliche Variable!*

– Wenn ich von einer Variablen rede, dann rede ich von etwas, das ich kontrollieren kann. Ich rede nicht von Natur, sondern ich rede von Kunst.

Was soll der Quatsch?

Sagen wir mal, Sie finden eine Temperatur von 17° angenehm. Ein ›milder Frühlingstag‹, sagen Sie. Und ich sage, schäbiges Wetter. Ganz offenbar meinen wir nicht dasselbe, sondern haben sozusagen eine unterschiedliche Wetterempfindung. Und jetzt haben wir's also gleich mit zwei Variablen zu tun, dem Wetter und wie Sie es empfinden. Nehmen wir mal an, dass Sie das Wetter auch nur deshalb so empfinden, weil Sie gehört haben, dass Ihr Sternbild gut steht und Ihre Aktienkurse in die Höhe geschnellt sind... Dann haben wir also gar nicht eine, sondern eine ganze Gemengelage von Variablen vor uns ...

Sagen Sie, wollen Sie hier philosophieren?

Nein, ich will nur sagen, dass eine Variable im Computer keine äußeren Einflüsse kennt. Folglich ist sie immer nur das, was sie ist

$$\text{☀} = \text{☀} = \text{☀}$$

und lässt sich von nichts auf der Welt beeinflussen. Tatsächlich ist das ein großer Vorteil. Denn nun könnte ich z.B. folgende Gleichung aufschreiben:

```
        Gutes_Wetter = Gute_Laune;
```

Und jetzt hindert mich nichts und niemand mehr zu behaupten:

```
        Meine_Laune = Das_Wetter;
```

Fortan husten Sie sich eins – und es donnert...

– Entschuldigung, wenn ich hier abschweife, aber was soll bitte diese merkwürdige Schreibweise? Ich meine, wenn Sie so penibel sind mit der Schrift, dann sollten Sie doch auch so schreiben wie es sich gehört, also:

```
        Meine Laune = Das Wetter
```

– Oh, das ist ein wichtiger Punkt. Danke vielmals für diesen Hinweis. Nehmen wir einmal an, wir schrieben dies so, wie es sich gehört (was ja schon merkwürdig ist, weil wir nicht schreiben, wie wir hören, sondern weil wir schreiben, wie es sich schreibt), was würde dann passieren? – Der Computer piepst Ihnen eins und Sie hätten 102 Fehlermeldungen auf dem Schirm, und weswegen? Naja, der Computer ist überaus penibel mit der Schrift (da ist er Philologe, also Schriftgelehrter durch und durch). Also denkt er sich: eine Variable, ein Wort. Ein Wort, eine Variable. Aber weil da nun definitiv zwei Wörter stehen, geht er davon aus, dass es sich um zwei unterschiedliche Dinge handelt. Und wenn Sie geschrieben hätten:

```
Meine nicht enden wollende schlechte Laune
```

da hätte er, im Gegensatz zu jedem Menschenkind, messerscharf daraus geschlossen, dass es sich um 6, in Worten sechs, verschiedene Dinge handelt.

– *Finden Sie nicht, dass hier von »Philologie« zu sprechen, doch etwas übertrieben ist. Ich finde das eher bekloppt...*

– Nun ja. Vielleicht ist die Philologie ohne den dazugehörigen Restmenschen (also dem, was ihm an gesunden Menschenverstand geblieben ist) ja eine Form der Idiotie. Aber immerhin lässt sich damit rechnen – und wenn ich statt der Leerstelle zwischen den Wörtern diesen kleinen Unterstrich schreibe, habe ich, schwuppdiwupp, aus den sechs unterschiedlichen Variablen eine einzige gemacht:

```
Meine_nicht_enden_wollende_schlechte_Laune
```

– *Also, das ist jetzt* ein *Wort, sagen Sie. Ich sehe da immer noch sechs.*

– Ja, weil sie wissen, wie sich's gehört, weil sie mit dem Ohr lesen, aber weil ein Computer blind und taub und stumpfsinnig ist (ein Philologe eben und nichts weiter), identifiziert er ein Wort, eine Variable daran, dass sie eine zusammenhängende, nicht durch eine Leerstelle oder ein Gleichheitszeichen unterbrochene Zeichenkette ist. (Und eben diese Unterbrechung haben wir dadurch verhindert, dass wir statt des Leerzeichens einen Unterstrich genommen haben). Im Grunde kennt der Computer nicht einmal die Bedeutung des Wortes. Ob Sie nun schreiben

```
Meine_nicht_enden_wollende_schlechte_Laune = Das_Wetter
```

oder

```
mnewsl = Das_Wetter
```

stets läuft es auf dasselbe hinaus.

– *Entschuldigung, was soll denn das heißen: »*mnewsl*«?*

– Ach, das ist bloß eine Abkürzung. Ich habe bloß die Anfangsbuchstaben der Wörter genommen.

– *Sie meinen, es ist egal, was ich schreibe.*

– Ja, genau. Hauptsache, dass es ein Wort ist... Sie können auch schreiben, *Oma_ist_doof* ...

– *Und wenn ich niemals im Traum darauf verfalle, sowas zu sagen, weil meine Oma nun zufällig lieb ist? Oder tot?*

– Dem Computer ist es vollkommen wurscht, was für eine Oma Sie haben. Versteht er ja eh nicht. Und weil er das nicht versteht, hat er weder Sinn für Humor noch für Paradoxa.

```
Oma_ist_doof        = Oma_ist_lieb
Oma                 = Opa
```

Was immer Sie schreiben, in Wahrheit wird das übersetzt in

```
A = B
```

Und dieses A ist fleischlos und geschmacklos und vollkommen sinnlos.

– *Naja, wenn Sie das sagen. Warum sollte ich mir dann die Mühe machen?*

– Wenn ich sage *sinnlos*, dann meine ich, dass das, was da steht, nichts mit unseren menschlichen Sinnen zu tun hat. Aber vielleicht ist es ja gerade das, was wir uns wünschen, wenn wir uns an einen Computer setzen.

Wenn ich eben gerade gesagt habe, dass die Grundformel lautet:

```
A = B
```

dann ist auch das nicht ganz richtig. Tatsächlich kennt der Computer weder A noch B noch C, sondern bloß Zahlen. Das große A zum Beispiel ist die Zahl 65, und das ist auch nicht von Natur aus so, sondern weil jemand sich einmal hingesetzt und geschrieben hat:

```
A = 65;
B = 66;
C = 67;
```

usw.

Das Zeichen A, das dort auf dem Bildschirm erscheint, ist also in Wahrheit gar kein A, sondern die Zahl 65, die von einem Grafikprogramm in ein A verwandelt wird. Schon aus diesem Grund, mein Lieber, *kann* der Computer gar nichts von dem verstehen, was ich sage, ist es ihm schnurzpiepeegal, ob ich ihm ein X für ein U vormache –

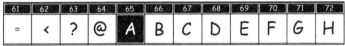

Tatsächlich könnten die Buchstaben auch ganz anders angeordnet sein, etwa so:

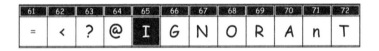

– *Nagut. Aber die Zahlen, die sind ihm nicht egal. Aber das ist, womit ich rechne: Zahlen, am Ende läuft es immer auf Zahlen hinaus. Schwarze Zahlen. Und ganz nebenbei, wenn Sie mit ihrem Wissen immer so protzen: Das ist der Grund, warum der Computer so heißt, wie er heißt, denn ›computare‹ heißt rechnen.*

– Ätschbätsch, reingefallen. Wieder falsch.

– *Wieso? Das haben Sie doch gerade selber gesagt...*

– Keineswegs. Ich habe gesagt, dass der Computer den Buchstaben A in die Zahl 65 umrechnet, aber ich habe nicht gesagt, dass der Computer rechnet, geschweige denn, dass er auch nur bis drei zu zählen versteht. Eher würde ich sagen, dass er so dumm ist, dass er nicht mal bis 3 zählen kann...

– Das machen Sie absichtlich. Sie wollen mich bloß provozieren... Aber so nicht, mein Lieber... So geht das nicht!

Die Nummer Eins greift zum

Ja, hallo Wachschutz, entfernen Sie bitte dieses Subjekt aus meinem Büro!

Telefon: Entschuldigung, da müssen Sie sich verwählt haben.

– Wie? Nicht der Wachschutz.

Telefon: Nein, hier spricht die Zentrale von Essen_wie_bei_Muttern_Inc., eine Tochterfirma von **OMA** World™

– Bitte, wo sitzen Sie? Welche Etage?

Telefon: Wir sitzen in Butzbach. Industriegelände ... Also, Sie fahren über die A 57...

– Ich habe nicht gefragt........rrrrrgh... Auch egal. Ich habe 7531 gewählt. Was für eine Telefonnummer haben Sie?

Telefon: Wir haben die Nummer 2394...

Also, weil ich der Verfasser dieser Geschichte bin und sozusagen Wachschutzfunktion innehabe, kürze ich dieses Gespräch (und das Wiederholungsgespräch und das

Wiederwiederholungsgespräch) ab, denn obzwar unser Held wieder und wieder dieselbe Nummer wählt, meldet sich bloß Essen_Wie_bei_Muttern_Incorporated – und irgendwann, als unser Held laut und lauter wird, melden auch die sich nicht mehr...

Stille. Die Nummer Eins tigert durch den Raum, armrudernd, bis sein Blick auf sein Gegenüber fällt, das es sich im Sessel bequem gemacht, die Beine übereinandergeschlagen hat und mit leicht gespitzten Lippen, wie jemand der in sich hineinpfeift, aus dem Fenster schaut – in einen wunderbaren, fast wolkenlosen Windows-Himmel hinein. Und dann – ja dann fällt der Groschen, oh pardon, das 10-Cent-Stück!...

– *Sie waren das!*

– Wenn Sie mir nicht zuhören wollen...

– *Ich habe Ihnen lange genug zugehört* –

– Haben Sie nicht. Denn ich habe gesagt, dass ein Computer nicht bis drei zählen kann, und weil auch in Ihrem Telefon ein kleiner Computerchip steckt, habe ich gedacht, das werde ich Ihnen mal schnell demonstrieren... Wenn Sie wollen, erkläre ich es Ihnen.

– *Nein, ich fürchte, das will ich nicht.*

– Dann erkläre ich es Ihnen trotzdem. Dienst am Kunden. Schließlich bin ich dafür da, dass wir hier über das Einmaleins der Programmierung endlich hinauskommen. Also –

In einer kindischen Anwandlung hält sich die Nummer Eins die Ohren zu. Daraufhin zaubert unser Programmierergott einen Bildschirm vor seine Nase, der exakt wiedergibt, was er sagt – unterstützt von einer Gebärdenübersetzerin, die – merkwürdigerweise – statt der Gebärden einen Striptease hinlegt –

was wiederum die Nummer Eins so verblüfft, dass ihm die Hände von den Ohren rutschen

– Sowenig wie der Computer das Alphabet kennt, so wenig weiß er mit Zahlen etwas anzufangen. Und so wie das Alphabet bloß dargestellt wird (aber nicht wirklich da ist), so werden auch die Zahlen bloß dargestellt.

> Die Gebärdenübersetzerin zieht sich mit verführerischen Bewegungen ihren rechten Schuh aus. Das ist ein riesenhafter Basketballschuh – Schuhgröße 44 mindestens ...

– Das Prinzip ist einfach. Stellen Sie sich mal eine Schachtel vor, eine Art Schuhkarton.

- und schwupps erscheint auf dem Bildschirm ein Schuhkarton. Die Gebärdenübersetzerin steht jetzt in dem Schuhkarton und zieht den anderen Schuh aus.

Denken Sie jetzt: Wenn dieser Karton gefüllt ist, bedeutet dies 1. Das können Sie übrigens auch auf dem Trikot der Tänzerin lesen. Wenn er leer ist, bedeutet dies 0.

mit einem Fingerschnips verschwindet die Gebärdenübersetzerin aus dem Schuhkarton. Die Nummer Eins protestiert.

Ach, lieber Leser, es ist wirklich zu dumm, dass dies hier ein Buch ist und kein Computerbildschirm. So sind wir nämlich genötigt, diesen entzückenden Anblick – die zweite Gebärdenübersetzerin streift sich gerade ihren Norwegerpullover über die Schultern – mit dürren Ziffern zu ersetzen. Benutzen wir also die beiden folgenden Zeichen, um darzustellen, was unser Held in Farbe genießen darf.

Das soll ein Karton mit Füllung sein ■

Das ein Karton ohne Tänzerin ◻

– Mit einem Karton haben Sie also 2 Möglichkeiten, können also genau 2 Zahlen darstellen, in diesem Fall also die Null und die Eins. Warum, so könnten Sie fragen, beginnt man mit diesen beiden Zahlen, warum nicht, wie wir das gewohnt sind, mit 1 und 2? Ganz klar: weil es logisch ist. Der leere Karton steht für Nichts, der gefüllte Karton für die Anwesenheit einer Tänzerin.

$$\square = 0$$
$$\blacksquare = 1$$

Vielleicht verstehen Sie jetzt, warum ich gesagt habe, dass der Computer nicht bis drei zählen kann. Denn wenn wir nach diesem Prinzip weiter verfahren, bräuchten wir, um bis 3 zu zählen, einen zweiten Karton und eine zweite Tänzerin.

$$\square \; \square = 0$$
$$\square \; \blacksquare = 1$$

-und schwupps, zur Begeisterung der Nummer Eins erscheint ein weiterer Schuhkarton auf dem Bildschirm

– Gut, jetzt haben wir zwei Schachteln. Ist der neue, linke Karton leer, verändert sich nichts. (Das ist der große Unterschied zur mathematischen Null, die, wenn sie hinter einer Zahl steht, eben nicht null und nichtig bleibt, sondern auf Verzehnfachung hinausläuft). Hier heißt der leere Karton einfach nichts, und so ist es egal, ob ich 0 und 1 schreibe wie ganz oben oder hier.

Was passiert, wenn ich den linken Karton mit einer Tänzerin fülle?

> mit einem Fingerschnips ist eine zweite Tänzerin zu sehen

Warum soll dies eine 3 sein?, könnten Sie fragen. Hier sind doch bloß zwei Tänzerinnen zu sehen. Bedenken Sie, nur ein gefüllter Karton hat eine Bedeutung. Hatte der rechte Karton die Bedeutung der 1, hat der linke die Bedeutung der 2. Wenn beide gefüllt sind, müssen wir also 2 + 1 rechnen, ergibt 3. Und ganz folgerichtig stellen wir eine zwei auf die folgende Weise dar, nämlich:

■ □ = 2

Wir haben also mit zwei Kartons und zwei Tänzerinnen vier Zahlen darstellen können. Das ist nicht gerade besonders ökonomisch, hätten wir doch ebensogut unsere vier Finger dafür nehmen können. Aber warten Sie ab. Wenn wir das Ganze um eine Schachtel und eine Tänzerin erweitern, dann verbessert sich das Verhältnis schon ein bisschen.

Wie viele Möglichkeiten habe ich mit 3 Schachteln? Nun gut, ich schreibe sie einfach auf, dann werden Sie das Prinzip erkennen.

Mit drei Schachteln kann ich 8 Kombinationen erzeugen – aber weil ich mit der Zahl 0 zu zählen begonnen habe, kann ich nur bis 7 zählen. Wieviele Kombinationen werde ich wohl mit vier Schachteln bewerkstelligen können? Und was wird die Bedeutung der vierten Schachtel sein, wenn Sie denn mit einer Tänzerin gefüllt ist? (Leer, wie wir wissen, bedeutet sie nix, ist ihr Wert null und nichtig) Nun, die Antwort liegt auf der Hand, denn auf die Zahl 7 kann nur die Acht folgen.

Schauen wir uns diese Folge an, wird das Prinzip erkennbar. Der Wert der jeweiligen Schachtel verdoppelt sich – und es ist ziemlich wahrscheinlich, dass unsere fünfte Tänzerin die Nummer 32 auf dem Trikot tragen wird. Dazu später.

Damit wir, lieber Leser, den Überblick behalten, schreibe ich diese Werte (wie bei einer Addition) zusammen:

Wenn wir diese Nummern zusammenzählen (1+2+4+8),

kommen wir, Moment, auf die Zahl der denkbaren Kombinationen, also 15. Aber stimmt denn das? Müssten es nicht 16 sein? Ja, natürlich, denn wir dürfen nicht vergessen, dass wir mit der Null zu zählen begonnen haben – so dass, auch wenn die höchste darstellbare Zahl eine 15 ist, die Anzahl der Kombinationen 16 beträgt.

– Und ab jetzt ist alles Routine und nur eine Frage meines Taschenrechners. Nehmen wir also 5 Schachteln (und 5 Tänzerinnen), dann schreiben wir

■ ■ ■ ■ ■ = 32 Kombinationen
16 8 4 2 1

–Wie stelle ich es aber an, wenn ich eine Zahl darstellen möchte, die in dieser Reihe nicht enthalten ist? Z.B. die 13.

– Ganz richtig, ich muss meine Tänzerinnen (wie ein Choreograph) so platzieren, dass die Summe ihrer Trikotnummern 13 ergibt.

Dazu müssen wir die Tänzerinnen mit den Nummern 8, 4, und 1 vortreten lassen

Und wenn ich die Zahl 18 darstellen möchte, sähe es so aus:

Klar, man kann das addieren:

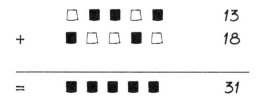

und wenn man das Ergebnis in Tänzerinnen übersetzen will, sähe das folgendermaßen aus:

> Hört unsere Nummer Eins überhaupt zu? Er klatscht in die Hände vor Begeisterung, denn jetzt hat Tänzerin 2 ein Borussia Dortmund Trikot entblößt – und das einzige, was er noch zu sagen vermag, ist: Mehr mehr mehr!!!

– Sie wollen mehr? In der Tat, mit fünf Schachteln und fünf Tänzerinnen wäre unsere Weisheit mit der Zahl 31 am Ende angelangt, also müssten wir eine neue Schachtel und eine neue Tänzerin auf den Plan rufen.

Und was für eine Nummer hätte sie auf der Brust, 32. Und wenn wir die vorherige Summe hinzuzählen, nämlich die 31, haben wir die Zahl der denkbaren Möglichkeiten: 63. Warum 63? Weil wir, wie gesagt, mit der Zahl 0 angefangen haben – und weil eine natürliche Zahl fehlt (also 64-1), zählen wir hinauf bis zur Zahl 63, haben aber 64 Möglichkeiten.

Mit 7 Schachteln kommen wir auf 128

Mit 8 Schachteln kommen wir auf 256

Mit 9 Schachteln kommen wir auf 512

Mit 10 Schachteln kommen wir auf 1024

...

Mit 16 Schachteln kommen wir auf 65.536 Möglichkeiten

Mit 32 Schachteln auf die gigantische Summe von 4 Milliarden 294 Millionen 967 Tausend 296.

Nehmen wir einmal an, Sie wollten bis zu dieser Zahl zählen und bräuchten für jede Zahl durchschnittlich eine Sekunde, so würden Sie schlappe 8178 Jahre nichts anderes tun als zählen zählen zählen...

Also dann legen Sie mal los...

...294

...295

...296

Ich komme!

Lieber Leser, an dieser Stelle werden wir eine kurze Werbeunterbrechung einlegen. Oder genauer: Sie machen das Buch zu, und ich werde mir ein bisschen Werbung anschauen, denn da gibt es einen wunderbaren Herrn, der mir die Vorteile eines Fleckenteufels zu schildern vermag wie niemand sonst (»ein schimmernder Ritter in weißer Rüstung«) – aber vor allem sollten wir unserer Nummer Eins Gelegenheit geben, sich von 4 Milliarden Cheerleadern mit Borussia Dortmund-Trikot zu erholen...

Was wir gelernt haben...

- Dass alles im Computer nur eine Erscheinungsform von Blöcken ist, die entweder besetzt oder nicht besetzt sind.

- Einen solchen Block nennt man ein **Bit**

- Je nach Anzahl der Bits kann man verschieden viele Kombinationen darstellen.
  Mit 1 Bit sind dies 2,
  Mit 2 Bit sind dies 4,
  Mit 3 Bit sind dies 8,
  Mit 8 Bit sind dies 256 Kombinationen
  Kurzum: mit jedem zusätzlichen Bit verdoppelt sich die Zahl der Kombinationen

  Das erklärt z.B., warum
  bei einer   4-Bit Farbauflösung   16 Farben
  bei einer   16-Bit Farbauflösung   65.536 Farben
  bei einer   24-Bit Farbauflösung   16 Mio. 777.216 Farben

  dargestellt werden können

- Wenn alles, was im Computer existiert, nur in Bitform existiert, so heißt dies, dass es im Computer weder Zahlen, noch Buchstaben, noch Bilder gibt.
  Was immer in einem Computer erscheint, ist sozusagen ein verkleidetes Bit.

- Die Art der Verkleidung ist zufällig. Dass der Buchstabe A im sog. ASCI-Code das 65. Zeichen repräsentiert, ist beliebig. Man könnte von diesem Code abweichen und eine Schriftdatei erstellen, die die Buchstaben ganz anders anordnet.

Lektion 2

Nichts ist, was es ist

Philosophisches Zwischenspiel. Zum Überblättern

Unser Held sitzt am Fenster und schaut in einen dämmernden Himmel hinaus, wo Abermillionen von Gebärdenübersetzerinnen, wie himmlische Heerscharen, vorübertanzen. Die Zahlen leuchten auf ihren Trikots – und manchmal ergeben diese flammenden Leuchtzeichen eine Art Muster, sieht man einen Großen Bären, eine steil aufragende Börsenkurve oder einen großen roten Kussmund.

– Wenn Sie mich fragen: wir sind vom Thema abgekommen.

– *Ach, wirklich?*

– Ja. Denn ich möchte unsere Fragestellung umdrehen, und zwar so: Was eigentlich existiert im Computer, was nicht auch anders sein könnte? Nicht wahr, da träumen Sie vor sich hin, aber mit einem kleinen Schnips sehen Sie: alles bloß Einbildung!

Der Programmierergott schnipst, und die Gebärdenübersetzerinnen spielen jetzt für Bayern München. Alle haben das Konterfei von Oliver Kahn auf der Brust, mit vorgestrecktem Kinn und aufgeblasenen Backen. Die Nummer Eins protestiert – aber jetzt bleibt bloß das Gesicht von Oliver Kahn übrig, der ihn wütend anschaut und seine bleckt.

– Schalten Sie um, aber sofort!

> Plötzlich hat er eine Fernbedienung in der Hand und tippt wütend darauf herum. Man sieht nacheinander
>
> 1. Eine marschierende Zahlenkolonne
>
> 2. Meister Proper und Minnie Maus vor dem Traualtar
>
> 3. Tom ohne Jerry
>
> 4. Abermillionen von Fernbedienungsbenutzern, die sich gegenseitig an- und ausknipsen
>
> Schließlich friert das Bild – also eigentlich der Himmel – ein, und man sieht eine Wetterkarte ohne Wetterpropheten, nur dass da noch ein einsamer im Bild herumschaukelt, wie eine Erinnerung.

– Nicht wahr, da sind wir stehengeblieben. Wir haben gesagt, dass das Wetter eine Variable ist so wie unsere Stimmung, aber dass das Wetter nicht *so* variabel ist, dass es einfach von meiner Stimmung abhängig ist. Also: irgendetwas ist an diesem A, dass ich es nicht einfach in B verwandeln kann. Aber genau dieses Unverwandelbare gibt es im Computer nicht.

Nehmen wir einmal an, ich hätte das Alphabetdarstellungsprogramm nur ein bisschen verändert, eben so, dass es zu jedem Zeichen eine Eins hinzuaddiert, dann tippe ich in meine Tastatur ein großes A ein – und was erscheint? Ein großes B. Und wenn ich z.B. das Wort *Variable* eintippen würde, bekäme ich statt dessen zu lesen

Wbsjbcmf

Wie das zustande gekommen ist? Ganz einfach. Das Wort Variable schreibt sich so:

V	a	r	i	a	b	l	e
56	97	114	105	97	98	108	102

Und nun addieren wir zu jedem Zeichen eine 1 hinzu, also ergibt sich:

57	98	115	106	98	99	109	103
W	b	s	j	b	c	m	f

Das ist, dies ganz nebenbei, das ganze Geheimnis der Kryptographie. Das hat damit begonnen, dass man zwei unterschiedlich große Scheiben benutzte, auf denen die Buchstaben des Alphabets standen – nur dass man sie gegeneinander verschieben konnte, und zwar so, dass sich ein Buchstabe in einen anderen Buchstaben verwandelte, so wie wir es hier gemacht haben... *

Wir müssen solche Kreise nicht mehr extra gegeneinander verschieben, sondern können unsere Verschlüsselung mit einer simplen Operation bewerkstelligen: Addiere alles + 1. Und für die Entschlüsselung: Subtrahiere −1.

Wenn ich also sage, dass im Computer alles eine Variable ist, dann sage ich: Im Computer ist nichts, was es ist.

– Sagen Sie mal: dafür bezahle ich Sie? Nichts ist, was es ist. Philosophie, was? Versuchen Sie das mal, an den Mann zu bringen! Da lüge ich Ihnen doch den Himmel herunter. Ich brauche keine Philosophie, ich brauche was Handfestes, pah!

---

* Das geht auf einen Denker der Renaissance zurück, Leon Battista Alberti (1404-1472), der auch in der Geschichte der Malerei, als Theoretiker der Zentralperspektive, eine große Rolle gespielt hat.

Glaubt mal nicht, dass so ein Programmierergott ein seelenloses Wesen sei, Gott bewahr! Da sitzt, ganz zuinnerst, eine empfindliche Seele – ein bisschen abergläubisch, aber vor allem schnell zu beleidigen. Und wenn man sie richtig beleidigen will, dann muss man bloß das Wort »handfest« in den Mund nehmen. Dann raucht's und qualmt's und der Kopf umwölkt sich ganz finster – und selbst der Joystick verliert den Spaß an der Freud.

    65 82 83 67 72 ....

Aber das wollen wir mal lieber nicht weiter ausführen, sonst kommt ihr noch auf den Gedanken, das entziffern zu wollen..

– So, Sie meinen wohl, dass Ihre hübschen Tänzerinnen etwas Handfestes sind? Dass ich nicht lache... Ziffern, nichts als Ziffern. Sie denken, dass Sie Rot sehen, aber das denken Sie bloß. Hinter der Farbe steckt eine Zahl und dahinter stecken acht Tänzerinnen in acht Kartons, nur dass Sie *diese* Tänzerinnen niemals sehen können, Sie elender –

    128 64 32 16 8 4 2 1

Aber ach, wie kann man einem Ignoranten sagen, dass er ein Ignorant ist? Vielleicht, indem man's macht wie die Österreicher: gar nicht erst ignorieren! – aber das ist natürlich nicht mehr gut möglich, wenn einem das Blut in den

Kopf steigt und in die Backen schießt, eine flammende, glühende Röte –

– *Na gut, schießen Sie los. Aber halten Sie sich kurz.*

Wie bitte?

Sie hatten gesagt: Nichts ist, was es ist.

So? Habe ich?

Ja, ich hab's Ihnen abgekauft. Und jetzt frage ich Sie: Und was dann?

Nichts. Oder alles, je nachdem. Weil nichts ist, was es ist, kann es *alles mögliche* sein.

– *Und das meinen Sie ernst?*

– Ja.

– *Nur so, dass ich Sie richtig verstehe. Ich habe da einen schmierigen Öllappen im Auto. Und da können Sie Blutwurst draus machen. Oder Hackepeter mit Senf. Oder, schwuppdiwupp, Sie machen mir das ganze zu Gold...*

– Ich habe nicht gesagt: Nichts ist, was es ist. Sondern: »Im Computer ist nichts, was es ist«.

– *Ah, habe ich mir doch gedacht, dass Sie mir mit solchen Spitzfindigkeiten kommen!*

– Aber wieso? Was denken Sie denn, was passiert, wenn Sie ihren Öllappen fotografieren? Dann haben Sie ein *Bild* von einem Öllappen, aber keinen Öllappen mehr. Dieser Geruch zum Beispiel, der geht verloren – und dieses glitschige Gefühl auf der Haut. Mag sein, wenn Sie das Foto wieder zu Gesicht bekommen, ist's Ihnen, als würden Sie es riechen und als hätten Sie den Schmierfilm zwischen den Fingern – aber dann ist es Ihnen bloß in der Einbildung so zumute. Und wenn Sie nun wiederum das Bild dieses Öllappens in einen Computer einspeisen, dann bleibt gar nichts mehr übrig davon —

– *Das ist das Bild, 1:1, aber garantiert.*

– Also: nach meinem Dafürhalten steht es eher 1 : 0.

– *Wieso das? Ein Bild vorher, ein Bild nachher. Und wenn Sie da einen Unterschied sehen, haben Sie gewonnen, mein Bester.*

- Ein Bild vorher, das ist richtig – aber dann: Schluss mit dem Bild. Dann haben Sie Zahlen, die man mit einem Bildverarbeitungsprogramm zu einem Bild zusammensetzen kann. Aber wenn Sie die versehentlich in ein Geschmacksverstärkerprogramm einspeisen, nur so zum Beispiel, kann's sein, dass Sie da Ihren Hackepeter mit Senf herauskriegen. Oder genauer gesagt: den Geschmack von Hackepeter mit Senf. Und aus diesem Grund steht's immer noch 1 zu 0.

Oder wenn man das philosophisch sagen will:

1. Das (was etwas war) führt zu nichts.

2. Und nur weil es nicht ist, was es ist (oder sein soll), kann es alles mögliche sein.

Wie schön wäre das, wenn die Figuren so klug wären wie ihr Autor! Ganz verständig würden sie nicken – und vor ihrem inneren Auge würde sich ihnen jenes Geschick entfalten, das ihnen der Autor in seiner unermesslichen Weisheit zugedacht hat. Es gäbe keine Renitenz und keinen Widerspruch mehr. Und eigentlich könnte man in einem solchen Augenblick einfach aufhören zu schreiben... Das wäre wunderbar. Aber, leider Gottes, von vorne bis hinten erlogen. Denn derlei steht bloß in den Philosophiebüchern geschrieben. Da ist es möglich, dass der Satz des Philosophen auf fruchtbaren Boden fällt – und ein Widerspruchsgeist sich in eitel Sonnenschein und Zustimmung auflöst. Aber von wegen – so einer Nummer Eins kann man nicht mit philosophischen Weisheiten kommen, da sagt sie bloß:

– Pffffffff! Da könnte doch jeder kommen!

Und da haben Sie den Salat. Da haben sie ihn geschrieben, den Satz aus Gold, der alles aufwiegen könnte – und dann!? Ob Sie die Figur nun erfunden haben oder nicht, sie pfeift Ihnen was. Sie müssen weiter und weiter und weiter – nur damit's Frieden gibt und dieses Wort am Ende des Buches stehen kann, und zwar nicht einfach so, aus der Not geboren, sondern würdig, stilvoll und gemessen: Ende.

Wollen Sie wissen, was ich denke? Sie sind ein Scharlatan und nichts weiter. So wie Sie reden nur Leute, die an gar nichts mehr glauben. Und wenn einer an gar nichts mehr glaubt, ist er Nihilist und legt anderen Leuten eine Bombe unters Kopfkissen. Kann sein, Sie sind intelligent. Dann nehmen sie keine richtige Bombe, sondern pflanzen mir so einen Virus ein – und puff! Jetzt hab ich's. Man hat Sie eingeschleust. Steuerbehörde? CIA? Zeugen Jehovas? Für wen arbeiten Sie?

Was wir gelernt haben...

- Dass die Kryptologie nichts anderes ist als zwei Typenräder, die man gegeneinander verdreht - und dass dies auf einen gewissen Herrn Alberti zurückgeht.

- Und sonst? Nichts. Absolut Nichts.

Lektion 3

Lego

Es ist früher Morgen. Auf dem Fernsehschirm klettern Aktienkurse in die Höhe, tanzen ein bisschen, wie Spitzentänzerinnen, über dem Abgrund – um dann jäh, einfach so, ins Nichts zu stürzen. Die Nummer Eins sitzt über ein winzigkleines Stückchen Papier gebeugt und faltet ein Papierflugzeug zusammen. Der Programmierergott kommt mit einem großen T-Shirt, auf dem in großen, blutigen Lettern **BROTHER DEATH** zu lesen ist, ins Büro, schnipst einmal mit dem Finger – und plötzlich erscheint ein altmodisches Videobild. Man sieht ein kleines Kind mit riesengroßer Brille Legoklötze zusammenbauen, aber es baut keine Burgen oder solchen Kinderkrams, sondern so einen kapitalen, großen Büroturm – und wenn man genau hinschaut, hat man fast das Gefühl, als hätte dieses Kind schon genau dieses gigantische Bürohaus im Sinn gehabt, in dem wir uns jetzt befinden. Zwei drei Mal läuft ein Kindermädchen durchs Bild, man sieht einen Schuh, den Saum eines Kleides, aber der Kleine mit seiner Riesenbrille auf dem Riesenkopf schaut gar nicht auf, sondern baut und baut, und seine Zungenspitze schaut aus dem Mund hervor. Die Nummer Eins lässt das Papierflugzeug Richtung Fernsehschirm schweben – und schaut gebannt zu, wie sich Klötzchen auf Klötzchen stapelt.

– *Ach....*

Selbst das Flugzeug scheint beeindruckt zu sein, jedenfalls bleibt es fast in der Luft stehen vor Ehrfurcht – und macht sich ganz still und leise von dannen.

– *Oh...*

.. und, welch Wunder, eine kleine Träne rinnt über die Wangen unseres widerborstigen Helden hinab.

– *Wie war das schön....*

> Er nimmt sich die Brille ab und beginnt sie eingehend und unendlich langsam zu putzen. Seine kleinen Äuglein sehen aus wie die eines Maulwurfs.
>
> Der Programmierergott räuspert sich etwas verlegen, schlägt das linke Bein über das rechte, dann das rechte über das linke.

– Chmmmmhh........

> Die Nummer Eins setzt sich die Brille wieder auf.

– *Wo haben Sie das her?*

– Aus dem Speicher. Naja, ich wollte – also nun ja...

– *Machen Sie's kurz.*

– Was ich Ihnen demonstrieren wollte, war, dass Sie das, was Sie glauben, nicht zu können, eigentlich immer schon gekonnt haben.

– *Also wenn ich eins verabscheue, dann dieses ewige In-Rätseln-Sprechen...*

– Was war unser gestriges Thema? Die Variable.

Also, ich habe gesagt: Im Computer ist nichts, was es ist, denn es löst sich auf zu kleinen Kästchen, die entweder besetzt sind oder nicht. Denken Sie sich diese Kästchen einfach als Legoklötzchen. Da gibt es, genauso wie in der Legowelt, Einer, Zweier und Dreier – nur dass sie nicht bunt, sondern unsichtbar sind – und darüberhinaus: unendlich klein. Aus diesem Grund ist es ratsam, dass wir sie uns als Legoklötze vorstellen.

So wie es beim Lego unterschiedliche Steinchen gibt, Mauersteine, Ecksteine, Fenster, Scharniere usw. – so hat auch jeder dieser Digitalklötze eine bestimmte Aufgabe. Zum Beispiel gibt es welche, die nur dazu da sind, Buchstaben darzustellen. Wie groß muss nun ein solcher Klotz sein?

Das hängt natürlich davon ab, wieviele Buchstaben ich benötige.

Wie viele Buchstaben hat das Alphabet? 26. Aber wenn ich unterscheide zwischen klein a und Groß A, Groß- und Kleinschrift, dann habe ich schon 52 Zeichen. Und wenn ich dann die Sonderzeichen hinzunehme wie

! « § $ % / ( ) = ? " * + # , . ^ ,

dann die Zahlen

1234567890

und zuguterletzt die ausländischen Schriftzeichen wie Ñ ç œ (in Groß- und in Kleinschrift),

komme ich schon auf mehr als 140 Zeichen.

Mit acht Kästchen, erinnern wir uns, haben wir 256 Zeichen abbilden können. Anders gesagt: ein Achter müsste reichen, um die Alphabetschrift darzustellen (so dass die Deutschen ihr ß, die Franzosen ihr â, die Spanier ihr Ñ und die Amerikaner ihren $ bekommen). Mit 256 Zeichen kommt jeder auf seine Kosten – außer den Chinesen bedauerlicherweise.

Also was tut man? Man baut einen solchen Achter zusammen und nennt ihn fortan auch so, Achter.

– *Bitte?*

Naja, also bildlich gesprochen – um beim Lego zu bleiben. Tatsächlich sagt man natürlich nicht »Achter«, sondern

char

was eine Abkürzung von »character« ist und Buchstabe bedeutet.

Wenn Sie also in einem Programm das Wort finden:

```
char
```

dann verbirgt sich dahinter nichts anderes als ein solcher Achter.

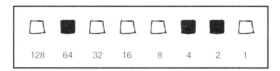

In diesem Fall haben wir einen Achter, der die Zahl 70 enthält. Aber weil sich char nicht auf eine Zahl, sondern auf einen Buchstaben bezieht – und zwar auf den Buchstaben No. 70 – wird dies nun als »F« gelesen, denn Groß-F steht in der Buchstabenliste an 70. Stelle.

char ⬜ ■ ⬜ ⬜ ⬜ ■ ■ ⬜ = F
     128 64 32 16 8 4 2 1

Wenn wir beim Lego von einem Achter sprechen, dann deswegen, weil der Klotz 8 Noppenreihen hat (eben das, was hier die Kästchen sind).

Diese Kästchen werden in der Computersprache *bits* genannt. Jedes Kästchen ist ein Bit – und acht davon in einer Reihe (also das, was unseren Achter ergibt) stellen ein *Byte* dar.

Ganz offenbar hat unser Achter einen Verwandten, der genauso aussieht, bloß dass er eine andere Farbe hat. Sagen wir: er sieht aus wie gefrorenes Wasser – einfach deswegen, weil seine Aufgabe darin besteht, die Dinge *auf Eis zu legen*, abzuspeichern mithin.

Aber warum brauche ich einen solchen Speicherklotz? Ganz einfach. Wie wir wissen, existiert der Buchstabe F im Computer ja gar nicht (bloß auf dem Bildschirm und in meiner Einbildung) – und weil er nicht existiert, kann ich ihn auch nicht abspeichern.

Das ist aber gar kein großer Nachteil, denn ich kann ja meinen Speicherklotz zur Hand nehmen

byte   ☐ ■ ☐ ☐ ☐ ■ ■ ☐
            128 64 32 16 8 4 2 1

und er schreibt mir die Kästchen in eine Datei – das ist, als ob ich die acht Kästchen in einen noch größeren Karton hineinpackte und ganz oben ins Regal schöbe. Will ich nun meinen Buchstaben wiederverwenden, so würde ich den ⬦ wieder aufmachen und mit meinem Speicherklotz (der jetzt so funktioniert wie ein Magnet) die betreffenden acht Kästchen wieder herausholen.

Und weil ich mich erinnere, dass die acht Kästchen einen Buchstaben dargestellt haben, nehme ich meinen Buchstaben-Achter (= char) und dann ist daraus wieder Groß-F geworden.

Nehme ich dummerweise einen Zahlenschlüssel zur Hand, bekomme ich etwas ganz anderes zu Gesicht, nämlich die Zahl 70.

– Soll das heißen, dass ich, wenn ich einen Text schreibe, speichere und wieder einlese, es niemals mit Buchstaben – sondern bloß mit diesen Dingern da, diesen bits, zu tun habe?

– Ja – aber natürlich kann man diese Dinger nicht wirklich lesen. Tatsächlich sitzen wir ja vor unseren Computern wie die Blinden vor einem Buch sitzen. Das heißt: wie die Blinden, die einen Braillestab zur Hand nehmen, brauchen auch wir Hilfsmittel, um eine unlesbare Schrift in eine lesbare Schrift zu verwandeln.

Genau ein solches Hilfsmittel ist unser Buchstabenklotz **char**. Denn er übersetzt uns die Kästchen in Schrift – und funktioniert mithin als eine Art Charakterdarsteller. Oder als Blindenstab. Tatsächlich (die Bilder einmal ausgenommen) bekommen wir niemals einen der anderen Klötze, die im Computer noch existieren, zu Gesicht – brauchen wir diesen Blindenstab, um zu wissen, was im Innern des Kastens vorgeht. Wenn ich z.B. eine Rechnung ausführe und mit meiner Tastatur die Anweisung eintippe

2 x 2

dann sind auch diese Zeichen keine echten Zahlen, sondern gehören, wie alles , was ich mit der Tatstur eintippe, zunächst dem Bereich der Buchstaben an. Die Zahl 2 beispielsweise steht in der Buchstabenliste an 50. Stelle, muss also folgendermaßen aussehen

was in diesem Fall bedeutet: die Zahl 50 bedeutet den Buchstaben »2«.

Damit ich nun mit dieser Zahl rechnen kann, brauche

ich einen Klotz, der den Buchstaben »2« in eine Zahl (und zwar die Zahl 2) umwandelt.

– Sie machen mich wahnsinnig! Wollen Sie sagen: die 2 ist nicht 2, sondern 50? Dann ist die 3 wahrscheinlich 51 und die 4 52. Soll ich etwa zu jeder Zahl 48 dazuzählen?

– Ja, es ist wahr: in der Buchstabenliste steht »3« an 51. und die »4« an 52. Stelle. Aber wie gesagt, das sind Buchstaben, oder wenn Sie so wollen: Charakterdarsteller. Die Zahl 2, die da auf dem Bildschirm erscheint, ist also nicht wirklich identisch mit der Zahl 2, sondern ist vielmehr einem Schauspieler vergleichbar, der die Rolle der 2 übernommen hat (aber in Wahrheit eine ganz andere Identität hat).

Und so wie die Rolle nicht identisch mit der Person des Schauspielers ist, ist der Buchstabe 2 nicht identisch mit der Zahl. Folgerichtig werden Sie in der Buchstabenliste gar keine wirkliche Zahl finden, sondern nur die Buchstaben 0-9.

Wenn Sie nun eine zweistellige Zahl schreiben wollen, brauchen Sie nicht einen, sondern müssen zwei Buchstabenklötzchen (= char) nebeneinander stellen. Nehmen wir einmal an, Sie tippen die Zahl 27 ein, würden die Kästchen folgendes Bild ergeben:

Oder der Schauspieler, der in der Kartei die Nummer 50 hat, spielt die Rolle der 2 und der Schauspieler, der in der Kartei die Nummer 55 hat, spielt die Rolle der 7.

– Als nächstes werden Sie mir sagen, dass man mit diesen Zahlen gar nicht rechnen kann –

– Da lernen Sie aber schnell. Buchstaben sind zum Lesen, aber nicht zum Rechnen da. Dafür gibt es einen eigenen Klotz (sogar eine ganze Reihe davon). Der bekannteste davon ist ein 16er – das heißt: er besteht aus nunmehr 16 Kästchen und man nennt ihn

Die Nummer Eins schaut auf den Schirm, runzelt die Stirn, setzt die Brille ab, setzt sie wieder auf.

– Lese ich das richtig, da ist bei 32.768 Schluss?

– Oh ja, nur dass es nicht 32.768, sondern 65.535 sind Sie müssen die Summe der anderen Kästchen noch hinzuzählen.

– Nehmen wir einmal an, dass ich auf meinem Konto 65.535 $ habe – und es kommen noch einmal 1000 $ hinzu,

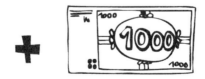

bedeutet das, dass diese zusätzlichen 1000 $ ins Leere laufen?

– Ja, selbst wenn es nur ein einziger Dollar ist. Bei 65.535 ist Schluss, und eigentlich kann dies auch gar nicht anders sein, weil es mit 16 Kästchen gar nicht mehr Möglichkeiten gibt.* Hier kommen wir vielleicht zu der allerwichtigsten Frage, der wir bislang ausgewichen sind. Denn auch wenn alles, was man in einen Computer hineinstopft, zu einer *Variablen* wird, so gibt es doch etwas, was eben *nicht* variabel ist – und das ist die Größe der Kästchen, in die Sie die Dinge hineinstopfen.

Ein Achter darf nicht plötzlich zu einem Sechzehner werden und umgekehrt. Eigentlich ist das genauso wie bei einem Logo-Turm. Wenn ich mir vorstelle, dass ein Zweier-Stein, den ich in eine Mauer gesetzt habe, sich plötzlich ausdehnen und zu einem Vierer würde, würde doch die ganze Mauer auseinanderbersten.

– *Und wie stelle ich es bitteschön an, dass bei meinem*

---

* Man kann am Datentyp *integer* ganz gut die Veränderung der Betriebssysteme demonstrieren. Am Anfang (mit 2 Byte, also als 16er Klotz) deckte integer den Zahlenreich von -32.788 bis + -32.788 ab. Man hatte also die 65.535 durch 2 geteilt, um auch im Minusbereich rechnen zu können. Seit Windows 98 (das man ein 32-bit System nennt), hat auch der Datentyp integer 32 bit (ist also ein 32er Klotz). Jetzt deckt er 4 Milliarden 294 Millionen 967 Tausend 296 Kombinationen ab. Weil ein *integer* die natürliche Größe der Ausführungsumgebung haben soll, wird er bei einem 64-Bit-System also 64 bit groß sein. Diese kombinatorische Menge umfasst 18 Trillionen, 446 Billiarden, 744 Billionen, 073 Milliarden, 709 Millionen, 551 Tausend 615. – Aber damit wir nicht einmal in die Versuchung kommen, uns mit solch unvorstellbaren Mengen auseinanderzusetzen, bleiben wir bei unserem veralteten 16er Klotz stehen.

Konto nicht einfach bei 65.535 $ Schluss ist?

– Oh, das ist gar nicht so schrecklich schwer. Wenn Sie sich erinnern, mit jedem neuen Kästchen verdoppelt man ja die Zahl der Möglichkeiten, also das, was ich den Zahlenraum nennen möchte.

Und weil man sich schon gedacht hat, dass es nicht nur Reiche, sondern auch Superreiche auf der Welt gibt, hat man sich nicht nur 16er Klötze, sondern auch 32er und 64er Klötze ausgedacht (das heißt: die Steinchen bestehen aus 32 oder 64 Kästchen).

Mit einem 32er können Sie immerhin bis 4 Milliarden 294 Millionen 967 Tausend 647 Dollar aufhäufen.

Manchmal freilich möchte man auch mit Minuszahlen rechnen (sagen wir mal, wenn es darum geht, Schulden zu machen oder ein Minus auszudrücken). Dann muss man den Klotz ein bisschen anders organisieren, und zwar so, dass die erste Hälfte für die Minuszahlen steht – die zweite Hälfte für das, was ich habe, also mein Plus.

Damit verringert sich, im Falle unseres Zahlenklotzes, der Zahlenraum um genau die Hälfte. Dieser Mutant reicht nicht mehr von 0 bis 65.535, sondern von -32.768 bis +32.768.

Aber darüber werden wir dann reden, wenn wir derlei Klötze brauchen...

– *Aber meine Frage haben Sie immer noch nicht beantwortet.*

– Sie meinen, wie ich einen Zahlenklotz in einen anderen

verwandele? Nehmen wir einmal an, dass Ihr ganzes Guthaben in einem Klotz steckt, der fest in einer Mauer verbaut ist – dann kann man den Klotz selbst schwerlich in einen größeren umwandeln, denn das ist nicht nur verboten, sondern einfach unmöglich. Aber was man machen kann, ist, dass man, schwuppdiwupp, das Guthaben in einen geräumigeren Safe *teleportiert*.

Nehmen wir einmal Folgendes an. Sie haben ein Guthaben von 65.535. Das würde man dann etwa so verzeichnen.

```
int Mein_Konto = 65.535;
```

int – das ist der Zahlenklotz.

Mein_Konto – das wäre die Bezeichnung des Kontos

und was auf der rechten Seite steht, das ist, was drin steckt.

Ich will nun, dass das Konto ein bisschen geräumiger wird – und Platz schafft für die zusätzlichen 1000 $.

Der nächstgrößere Zahlenklotz, an den ich das Guthaben nun transferieren kann, hat 32 Kästchen und heißt

long
▫▫▫▫▫▫▫ ▫▫▫▫▫▫▫ ▫▫▫▫▫▫ ▫▫▫▫▫▫

Warum *long*? Vielleicht deswegen, weil ich lange warten kann, bis dieses Konto aufgefüllt ist, denn hier passen gleich 2,147 Milliarden Dollar hinein.

Wir wollen den Inhalt unseres Kontos, das ich mir als einen Safe vorstellen will, in ein größeres teleportieren:

Nun: das ist gar nicht so schwierig. Wir legen uns einfach ein neues, größeres Konto an:

```
long Riesensafe;
```

Nun können wir nur hoffen, dass nicht ein anderer Bankkunde sein Konto genauso genannt hat – denn das würde uns ziemlich in die Bredouille bringen. Aber weil Eigentum heilig ist, achtet die Bank schon darauf, dass dieses Tabu eingehalten wird.

Sie würden, wie ich mir vorstelle, jetzt einen kleinen Büroboten loshetzen, der das Geld von dem einen zum anderen Safe transportiert.

Aber das ist gar nicht nötig.

Denn wir können, einfach so, den Inhalt unseres alten Safe in den neuen teleportieren.

```
Riesensafe = (long) MeinKonto;
```

Schauen wir uns diese Zeile einmal an. Eigentlich ist das unser erster richtiger Befehl. Einen Befehl erkennt man daran, dass am Ende der Zeile ein Semikolon steht. Das heißt also soviel wie: *Tu was! Wassermarsch!*

Was einem zuerst auffällt, ist natürlich diese sonderbare Klammer vor **MeinKonto**. Was soll das heißen?

Wir wissen ja, dass dieses Konto ein 16er Klotz war. Und wir wissen, dass unser **Riesensafe** ein 32er-Klotz ist. Und diese Klammer heißt nun: Verwandele den Klotz, der folgt, in einen **long**-Typ, also einen 32er. Man nennt diese Verwandlung auch einen *cast,* was man vom Begriff Casting her kennt – und was wir als Umbesetzung oder als Rollentausch auffassen könnten. Unser 16er Klotz tut so, als ob er ein 32er wäre, zieht sich also ein anderes Kostüm über. Dieser Cast ist nötig, denn eine Überweisung lässt sich nur mit zwei Variablen gleichen Typs machen. Also kostümieren wir den zweiten als **long**-Typ.

 MeinKonto;

- Sie quasseln und quasseln... Und dabei wollten wir meinem Konto nur 1000 $ hinzuzufügen...

- Oh ja, das ist aber jetzt schnell getan. Da wir wissen, dass der Betrag von MeinKonto jetzt im Riesensafe steckt – und dass dieser Safe groß genug ist, fügen wir's jetzt einfach hinzu.

```
Riesensafe += 1000;
```

Wir erinnern uns: Das Zeichen, welches das Ende einer

Anweisung (»*Losmarschiert!*«) signalisiert, ist das Semikolon. Denken uns nun, dass wir diesen Befehl unserm Büroboten in die Hand gedrückt haben, nämlich als Zettel. Wie wird er diesen Befehl nun übersetzen?

Er wird zum `Riesensafe` laufen – und dann lautete die Anweisung:

```
+= 1000;
```

Das heißt: nimm das Konto, so wie es ist, und füge 1000 Dollar hinzu.

Wenn da gestanden hätte

```
-= 1000;
```

so hätte dies bedeutet: Nimm es wie es ist, aber ziehe 1000 Dollar ab.

Und genau so wird mit Multiplikation und Division verfahren:

```
*= 2;
```

Das heißt: nimm's wie es ist, verdopple die Summe

```
/= 4;
```

Das heißt: nimm's wie es ist, teile die Summe durch 2.

- *Und war's das?*

- Ja, das war's.

Was wir gelernt haben...

- Man kann die verschiedenen Datentypen mit Legoklötzen vergleichen.

- Der kleinste Datentyp ist ein 8er Klotz, 8 bit groß. 8 Bit ergeben 1 Byte – das häufig als Grundeinheit des Computers genutzt ist. Ein Kilobyte sind 1024 byte. Wollte man dieses in einzelne Kästchen umrechnen, müsste man es mit 8 multiplizieren.

- Ein Buchstabe heißt **char** und hat 8 bit, wäre also ein Achter-Klotz. Mit 8 bit kann man 256 Kombinationen bilden. Das reicht für unsere Buchstabenwelt. Allerdings wird es problematisch, wenn wir das Chinesische und alle erdenklichen anderen Schriften hinzudenken. Das japanische Kanji (das vom Chinesischen abgeleitet ist) hat etwa 50.000 Zeichen. Aus diesem Grund hat man sich entschlossen, einen neuen Standard zu schaffen, der auch diese Zeichen enthält: **EAC Unicode**. Dabei versteht sich von selbst, dass man einen größeren Datentyp (Legoklotz) braucht als bislang. Ein 16er Klotz, wie man sich ausrechnen kann, erlaubt 65.536 Zeichen. Dieser Datentype heißt nun **widechar.**
Aber selbst das hat nicht ausgereicht. Und so hat man den Zeichenraum auf 1.114.112 Zeichen erweitert, das sind mathematisch gesprochen $2^{20}+2^{16}$, oder bildlich: ein 20er Klotz und ein 16er.

- Wenn ich eine natürliche Zahl benutzen will, nehme ich den **integer** Typ, der ursprünglich 16 bit hatte und 65.536 Kombinationen abbilden kann. Heute lassen sich damit 4,7 Milliarden Ganzzahlen abbilden. Neben dem **integer**-Typ gibt es noch den **long**-Typ, den man, um die Grenze von

65.536 Kombinationen zu erweitern, eingeführt hat. Er ist 32 bit groß (ein zweiunddreißiger Klotz) – und wie der integer-Typ für **Ganzzahlen** geeignet.

- Ganzzahlen sind natürlich nicht erwünscht, wenn man mit Nachkommaziffern rechnen möchte.
Dafür gibt es einen eigenen Datentyp, der **float** genannt wird.

- Man kann den Inhalt eines Datentyps in einen anderen verwandeln. Diese Operation, die man sich als eine Art Rollen- oder Kostümwechsel eines Schauspielers vorstellen kann, nennt man **cast.**
Gesetzt, ich will den Inhalt eines **integer**-Objekt (**int AlteSchachtel**) in ein **long**-Objekt überführen, dann schreibe ich:

```
long NeueSchachtel = (long) AlteSchachtel;
```

Durch den Cast-Operator **(long)** wird das Objekt behandelt, als sei es vom gleichen Typ. Damit wird die Konversion möglich.

- C++ ist, was Datentypen anbelangt, sehr empfindlich (was die sog. Skript- und Internetsprachen nicht sind). Das heißt: die 8er Klötze müssen mit 8er Klötzen zusammenarbeiten. Liegen zwei unterschiedliche Typen vor, muss zumindest eine der beiden Variablen einen Rollenwechsel vornehmen.

- Der kürzeste Programmbefehl ist ein Semikolon, den man folglich als **Tu was!** übersetzen könnte.

Lektion 4

Alles ist möglich oder: Wir spielen Gott!
(Übung für Anfänger)

Unsere Nummer Eins sieht sich in seinem Kinderzimmer wieder, umgeben von lauter Legosteinen. Zwischen den Steinen kann er auch seine Eltern ausmachen, sein Kindermädchen, sie sehen ein bisschen eckig aus, wie Lego-Männchen halt aussehen – aber man kann ihre Gesichtszüge durchaus noch erkennen. Der Vater z.B. trägt, wie gewöhnlich, eine überaus übellaunige Miene zur Schau. Irgendwer hat ihn zu der Aufgabe verdonnert, kleine Legosteine auf ein Förderband zu schippen, aber sie sind rund und rutschen ihm fortwährend von der Schippe. Das Kindermädchen, englisch gewandet, steht vor einem Kinderwagen, aber statt eines Säuglings sitzt die Mutter darin und lutscht an ihrem Daumen, gelegentlich aber saust ihre Hand hervor und versetzt dem Kindermädchen das, was die Bayern eine Watsch'n nennen. Das Kindermädchen wiederum versetzt darauf einem imaginären Wesen einen Tritt – es scheint ein Hund zu sein, denn es ist (obwohl weder Schwanz noch Hund unter dem Kinderwagen hervorschauen) jedesmal ein deutliches Hundejaulen zu hören.

Ganz verzückt liegt die Nummer Eins auf dem Boden und schaut dem munteren Treiben dort zu – wobei ihm wohl am allermeisten gefällt, dass er, obschon doch riesenhaft im Vergleich zu seiner eigenen Schrumpffamilie, den anderen offenbar gar nicht auffällt. Niemand, der ihn maßregelt, zu Lebertran oder zu Schularbeiten anhält.

Aber dann ist doch ein kleines Brummen zu hören, nicht laut, aber doch unüberhörbar. Weiß der Teufel, denkt sich die Nummer Eins, aber zugleich weiß er sofort, dass dieser durchdringende Brummton, der durch jede Faser seines Körpers hindurch schwingt, niemand anders ist als der Liebe Gott, das kann nur der Liebe Gott sein. Etwas merkwürdig kommt es ihm natürlich vor, dass er just so aussehen soll wie unser Programmiererluschen, aber na gut, Gottes Wege sind unerforschlich....

So, mein Lieber (sagt der Liebe Gott), jetzt wollen wir mal schauen, wie Du es anstellst, wenn Du den Lieben Gott spielen darfst. Allerdings solltest Du dich, anstatt dich mit Deiner Kinderstube zu beschäftigen, auf das Wesentliche konzentrieren.

Und was ist wesentlich? Schau Dich um. Das sind nicht die Figuren, das sind die Bausteine, die ich Dir mitgegeben habe. Achter, Sechszehner usw.

Und wie heißt es in der Bibel? »Und Gott sprach, und es ward Licht«. Und in diesem Augenblick verdunkelt sich das Zimmer, die Mutter, Vater, Kindermädchen verschwinden im Schatten, Wände und Decken weichen zurück oder verdämmern, raumlose Schwärze breitet sich aus und das einzige, was bleibt, sind 6 unterschiedlich große leuchtende Lego-Klötzchen – die, freilich unerreichbar, in der Luft über ihm schweben.

Herr, sagt unsere Nummer Eins (und wundert sich ein bisschen über diese religiöse Anwandlung, denn es ist noch gar nicht so lange her, da hätte er den Lieben Gott nicht mal als Hausmeister bei sich eingestellt),

– *Herr, sag mir, was soll ich tun?*

Jaja, brummt der Herr, da schreibt man den Leuten einen Ewigen Leitfaden, und was wollen Sie: Handbücher?! Ok, Erdenwurm, ich habe Dir das Licht ausgeknipst. Und warum? Damit Du dich auf das Wesentliche konzentrierst. Und was ist wesentlich? Zwei Dinge. Die Bausteine, die Du hast, nur sechs an der Zahl – und Deine Stimme, die da sagen soll: *Es werde dies und das*. Und natürlich wirst Du mir sagen: Herr, sag mir, was genau soll ich sagen – und dann bist Du schon durch die Prüfung gerasselt und musst den Gott-für-Anfänger-Kurs nochmal belegen, denn Du hast das Prinzip der Schöpfung nicht verstanden, das da heißt: Wenn ich schöpfe, dann aus dem Nichts, ganz aus mir (was ein- und dasselbe ist, aber das wirst Du im Anfängerkurs ohnehin nicht verstehen). Verstehst Du, Du musst dir Deine Schöpfung schon selbst überlegen, und wenn's unbedingt sein muss, kannst du auch den Genesis-in-6-Tagen-

Kurs noch belegen und zur Strafe 2.196 Euro dafür bezahlen ——

– *Herr, wenn's nur am Geld liegen sollte* —-

DonnerBlitzundWolkenbruch! In der Tat, das ist ein ziemlich unanständiges Anliegen, einen Gott bestechen zu wollen, und noch dazu mit einer solch läppischen Summe – und beinahe hätte ER sich verdünnisiert, wenn er nicht Mitleid gehabt hätte mit diesem Riesenbaby, und so flucht er, Choleriker, der er ist, ein bisschen in sich hinein, und sagt dann:

– Ok. Stell Dir vor: es gibt Himmel und Erde. Der Himmel ist links. Die Erde ist rechts.

– *Wieso links, Herr, warum nicht oben und unten?*

– Weil man in Gottes Namen von links nach rechts schreibt und weil unser Schöpfungsakt nirgendwo steht, nur auf dem Papier.

Also denk dir folgendes:

𝔊ott => 𝔖chöpfung

Wenn Du unbedingt willst, kannst Du das natürlich so drehen und wenden, dass ICH, der HERR oben stehe, und DU GESCHÖPF, Erdenwurm, unten – aber im Grunde ist das schon durch dieses Zeichen ausgedrückt, das du lesen kannst wie Du willst

—>

als Blitz

als göttlichen Samen

als göttliche Rede

Wie schöpft Gott? Indem er sagt, also Kraft seiner Rede. Dabei verläuft die Göttliche Schöpfung stets nach dem gleichen Prinzip

gesagt => getan

Wenn Du ein richtiger Gott wärest, dann bräuchtest Du keinerlei Hilfsmittel und Prothesen, so aber gehörst Du bloß zu den Stümpern aus dem Anfängerkurs, die nicht einmal atmen könnten ohne Hilfsmittel, geschweige denn, dass sie auf einen eigenen Gedanken verfielen. Aus diesem Grund habe ich dir diese Grundbausteine mitgegeben, sechs an der Zahl. Du wirst, wenn Dir danach ist, ein paar weitere Grundbausteine hinzufügen können, aber mehr brauchst Du nicht. Vor allem brauchst Du keine 700-Seiten Handbücher, in denen 9763 Gebote verzeichnet stehen – denn wenn du dir ein bisschen Mühe gäbest, könntest Du diese 9763 Gebote auf eben jene Handvoll Bausteine einschmelzen, die ich dir mitgegeben habe.

Vor allem stellst Du Dich erst einmal auf die linke Seite... Das ist die Schöpfungsseite. Vergiss das nie! Links der Schöpfer, rechts die Schöpfung. Anders als ein richtiger Gott brauchst Du eins dieser Hilfsmittel. Nun habe ich sie absichtlich so hoch gehängt, dass Du nicht auf den stumpfsinnigen Gedanken verfällst, einen dieser leuchtenden Bausteine tatsächlich in die Hand zu nehmen.

Nein, Du wirst *niemals*, ich sage: *niemals* das Original in die Hand bekommen, aber dafür bekommst Du jedesmal, wenn du den Namen eines solchen Bausteins ausspricht, eine Kopie davon ausgehändigt, mit der Du anstellen kannst, was immer Du willst.

Und wenn auch Deine Welt noch wüst und leer ist, so kannst Du sie alsbald doch mit allerlei mehr oder minder vernünftigen Gebilden bevölkern.

Wie das geht? Nun: du nimmst einen Baustein, gibt's ihm einen Namen und schon ist er da. Drei von den sechs Steinen kennst Du schon, den Zahlenklotz   int

den Buchstabenklotz   char

und den Speicherklotz   byte

Und jetzt sprich mir nach:

```
int alpha      = 0;
int beta       = 2;
int gamma      = 259;
```

Und was ist passiert? – Jetzt siehst Du (denn in diesem Raum kannst Du sehen, was der Computer Dir ansonsten verheimlicht) drei weitere Bausteine, die nach dem Bild des Zahlenklotzes (int) gebildet sind:

int alpha

⌑	⌑	⌑	⌑	⌑	⌑	⌑		⌑	⌑	⌑	⌑	⌑	⌑	⌑
327668	8192	4096	2048	1024	512	256		128	64	32	16	8	4	2	1

int beta

⌑	⌑	⌑	⌑	⌑	⌑	⌑		⌑	⌑	⌑	⌑	⌑	⌑	■	⌑
327668	8192	4096	2048	1024	512	256		128	64	32	16	8	4	2	1

int gamma

⌑	⌑	⌑	⌑	⌑	⌑	⌑	■		⌑	⌑	⌑	⌑	⌑	■	■
327668	8192	4096	2048	1024	512	256		128	64	32	16	8	4	2	1

Siehst Du, wie einfach das ist. Du musst es bloß sagen – und schon ist es da. Gesagt, getan.

Aber was genau habe ich gesagt? Lass uns das ganz genau untersuchen, denn hier liegt das Schöpfungsgeheimnis vor dir ausgebreitet. Ich habe zuerst das Wort **int** gesagt – und das ist wesentlich.

Denn zuallererst, da Du doch nicht aus dem Nichts schöpfen kannst, musst Du einen Deiner Grundbauklötze auswählen. Du hättest auch einen anderen nehmen können, also nicht den kleinen gelben Zahlenklotz (den 16er int), sondern den großen (den 32er long), oder Du hättest den roten Buchstabenklotz (char) oder den eisfarbenen Speicherklotz (byte) nehmen können.

Regel 1) Zuerst kommt der Grundbaustein.

Was habe ich dann getan? Ich habe dem Baustein einen Namen gegeben. Hier, mein Lieber, beginnt Deine Schöpferfreiheit. Du bist vor allem ein Namensgeber (und damit bist Du dem mittelalterlichen Gott verwandt, den die Theologen auch als einen *Namensgeber* verstanden haben).

Und weil Du Namensgeber gibst, steht es Dir frei, Dir alle erdenklichen Namen auszudenken, die es gibt.

Dass hier **alpha** steht, ist vollkommen willkürlich. Such

Dir etwas anderes aus, **OmaOpa, WanneEickel**, was immer Du willst – nur bedenke: Ein Name. Ein Wort.

Regel 2) Du gibst dem Grundbaustein einen Namen.

Gut, gut, jetzt hast Du einen Grundbaustein namens **alpha**, aber jetzt stellt sich natürlich die Frage, wie ist **alpha**, im Gegensatz zum Original etwa, beschaffen. Es stellt sich die Frage nach seiner Gestalt.

Und genau auf diese Frage antwortest du mit einer Gleichung, einem Gleichnis, wenn Du magst.

```
int alpha = 5;
```

Regel 3) Du gibst deinem getauften Grundbaustein eine Gestalt.

Bei der Gestalt (die bekanntermaßen auf der rechten Seite steht, also nicht auf der Seite des Schöpfers, sondern auf der Seite der Schöpfung) wirst Du sehen, dass Deine Schöpfungsfreiheit schon deutlich eingeschränkt ist. – Nehmen wir einmal an, du hättest den *Kater Carlo* geschaffen. Dazu brauchst Du einen Grundbaustein ›Kater‹ – und dem gibst Du den Namen ›Carlo‹. Nehmen wir mal an, Du möchtest diesem Kater Carlo die Gestalt eines Elefanten geben. Genau hier aber wird Deine Schöpfung den Dienst versagen, denn das ist nicht vorgesehen, sowenig wie es vorgesehen ist, dass ein 16er Klotz (der fest in einer Mauer verbaut ist) zu einem 32er wird.

Du kannst, und das ist die Beschränkung auch eines Gottes, aus einer Mücke keinen Elefanten machen.

Aber lassen wir diese Widrigkeiten, also die Möglichkeit zum Missbrauch, einmal beiseite und fragen uns, was mit dieser Schöpfung eigentlich geschehen soll.

Um zu rekapitulieren. Ich habe drei Bausteine namens alpha, beta, gamma. Nehmen wir mal an (und das ist fatalerweise in einem Computer die Regel, denn ich kann meine Bausteine nicht sehen), ich weiß nicht, wo sie abgeblieben sind, wie finde ich sie?

Ganz einfach: indem ich sie rufe.

Rufe ich **alpha** – so ist er da, augenblicklich (denn er wird einfach dorthin teleportiert, wo ich stehe).

Nun könnte ich meinen, dass die richtige Art und Weise, ihn zu rufen, eigentlich **int alpha** sein müsste. Nun weiß ich nicht, ob es sehr viele Eltern gibt, die ihr Kind auf diese Art und Weise zu sich rufen, also »Kind Anton« oder »Kind Else« – auf jeden Fall sollte auch ich dies nicht tun.

Aus gutem Grund. Denn der Gebrauch der Grundbauklötze ist *stets* ein Schöpfungsakt – und wenn Du dich wiederholst, also noch einmal **int alpha** ausspricht, ist es, als ob Du deine Schöpfung widerriefest – womit sich ein Gott als Missgestalt, als Pfuscher und Stümper zu erkennen gegeben hätte.

Regel 4) Widerrufe Deine Geschöpfe nicht. Nenn Sie beim Namen. Sei freundlich.

Nun müssen wir nicht bloß bei 3 Schöpfungen stehenbleiben, wir könnten das Alphabet, ja das ganze Lexikon durchgehen von A-Z, bis es von diesen Gebilden nur so wimmelt —

Aber so weit sind wir noch nicht. Zwar können wir Tausende und Abertausende dieser digitalen Geschöpfe in die Welt des Computers entlassen, aber sie würden nicht *wimmeln*, das heißt: sie würden sich nicht bewegen (denn das ist der Wortsinn von *wimmeln*, sich regen, sich schnell hin und herbewegen).

Und so hätten wir zwar ganze Heerscharen geschöpft, aber sie wären tot.

Vielleicht lohnt es sich hier, einmal die alten Theologen zu befragen, die zwischen zwei Zeiten unterschieden haben: der Ewigkeit (in der alle Zeit gleichermaßen aufgebahrt ist) und der sich entfaltenden Zeit (in der die Momente, wie die Bilder eines Films, aufeinander folgen). Die Ewigkeit ist Gottes Zeit, die sich entfaltende Zeit ist die weltliche Zeit.

Genau diese beiden Zeiten gibt es auch im Computer.

Der Schöpfungsakt, das kann man sich leicht denken, gehört zur ewigen Zeit, oder genauer: er ist der Augenblick, wo die weltliche Zeit beginnt.

Wie aber beginnt sich die Erde zu drehen? Die Geschöpfe zu wimmeln? Was führt dazu, dass die Uhr zu ticken beginnt?

Hier kommt ein neuer Klotz ins Spiel. Nein, eigentlich ist das schon kein tumber Klotz mehr, sondern etwas Trickreicheres, etwas, das sehr viel mehr mit einem *Automaten* zu tun hat – oder genauer noch: mit einer Uhr.

Was macht eine Uhr?

Sie dreht sich im Kreis. Die Räder drehen sich, die Zeiger drehen sich – und wenn Du einmal eins jener großartigen Glockenspiele gesehen hat, dann weißt Du, dass dieser Mechanismus auch die Figuren auf Trab hält. Und wenn Du wiederum deine Schöpfung auf Trab bringen möchtest, brauchst Du eine solche Uhr.

Nun: eine dieser Uhren ist dir als Baustein schon mitgegeben – und darüberhinaus ist ihr auch schon ein Name verpasst worden. Anders als die anderen Bausteine kannst du diesen Baustein schon in die Hand nehmen und auch verändern. Er sieht folgendermaßen aus:

```
int main()
{
return 0;
}
```

Vielleicht verstehst Du, warum Du diesen Baustein in die Hand nehmen kannst, denn er ist seinerseits schon eine

Kopie unseres Zahlenklotzes (int), und genau so steht er im Speicher.

int main ()

☐ ☐ ☐ ☐ ☐ ☐ ☐   ☐ ☐ ☐ ☐ ☐ ☐ ☐ ☐

327668 8192 4096 2048 1024 512 256   128 64 32 16 8 4 2 1

Und doch unterscheidet er sich etwas, nämlich

a) durch diese Klammer hinter dem Namen

b) durch diese 3 angehängten Zeilen

```
{
return 0;
}
```

Denk dir einmal diese drei Zeilen als ein Rad, das eine Drehung macht.

Turn heißt ja drehen, und *return* heißt in diesem Fall, dass die Drehung vollzogen und dass ich an den Anfangspunkt zurückgekehrt bin. Nun steht hinter dem Wort return eine O. Aber was wäre passiert, wenn ich eine Eins dort hingeschrieben hätte, also:

```
return 1;
```

Dann würde mein Zahlenklotz im Speicher folgendermaßen aussehen:

Siehst Du, was passiert ist? Der Automat hat seine Gestalt verändert, wie eine Uhr, deren Zeiger um eine Stunde oder eine Minute vorangerückt ist.

Genau hier liegt der Unterschied zum gewöhnlichen Zahlenklotz. Denn dieser Zahlenklotz (der mit den Klammern und dem return-Mechanismus im Innern) kann sich drehen und sich in dieser Drehung selbst verwandeln. Aber was den Speicher anbelangt, funktioniert er genauso wie eine gewöhnliche Variable, nur mit dem Unterschied, dass er nicht zum Speichern, sondern zum Verarbeiten von Variablen da ist.

Nun, in diesem Fall hat sich unser Automat nur ein einziges Mal gedreht.

Wie könnte ich ihn dauerhaft auf Trab bringen?

Bei einer Uhr ist das Triebwerk, das den Automaten in Schwung bringt, das Gewicht. Im Computer brauche ich keinen Mechanismus – bloß ein Wort. Gesagt getan.

```
long millisekunde = 0;

int main()
{
millisekunde = millisekunde + 1;
main();
return 0;
}
```

Wir lesen zuallererst, dass es eine Variable namens millisekunde gibt. Dann sehen wir die main-Funktion, die (das ist eine Besonderheit) beim Programmstart automatisch ausgeführt wird.
Also los geht's! Das Programm springt ins Funktionsinnere, das, was zwischen den geschweiften Klammern steht. Hier lesen wir in der ersten Zeile:

```
millisekunde = millisekunde + 1;
```

Dies besagt: der Wert der Variablen Millisekunde hat sich um eins erhöht. Dann folgt die zweite Zeile:

```
main();
```

Man könnte sagen: unsere Uhr main ruft sich also selber auf. Sie springt also wieder an den Anfang zurück. Die Variable Millisekunde wird jetzt auf 2 erhöht und die Funktion ruft sich sogleich von Neuem auf. Jedesmal, wenn das imaginäre Räderwerk nun eine Drehung vollzogen hat, beginnt der Kreislauf über den Aufruf

```
main();
```

wieder von vorn – und jedesmal wird die Variable um

eins erhöht, was man sich wie den Zeiger einer tickenden Uhr vorstellen kann. Damit ist aus diesem Mechanismus ein *perpetuum mobile* geworden – er läuft und läuft und hört erst wieder auf zu laufen, wenn ich das Programm mit Gewalt aus dem Speicher entferne oder kurzerhand die Steckdose ziehe.

Wie nennen die Programmierer einen solchen Mechanismus? Sie sprechen nicht von einem Räderwerk oder von einem Automaten, sondern von einer Funktion. Und die Möglichkeit, dass eine Funktion sich selbst aufruft, nennen sie *Rekursion*.

Die Funktion, die das Programm automatisch aufruft (so wie der Atem plötzlich einsetzt), heißt **main**, das heißt: Haupt, oder wenn es sich nicht um ein Kosnolen-, sondern ein Windows-Programm ist: **winmain**. Das ist, fürchte ich, keine glückliche Benennung. Denn eigentlich müsste diese Funktion einen viel markanteren Namen haben, wie *Zeit* oder *Schöpfungs-Motor*. Denn nur mithilfe dieser Mechanismen kann jener Schein von Lebendigkeit entstehen, der uns am Computer so fasziniert.

Was wir gelernt haben...

- Wenn man etwas im Computer erzeugen will, so entspricht dieser Schöpfungsakt der göttlichen Zeugung. **Gesagt, getan!**

- Man kann sich freilich bei den eigenen Grundbausteinen bedienen, die dem Programmiererwerkzeugkasten beigegeben sind, z.B. **integer**, **char**, **byte** usw.

- Man erzeugt einen neuen Gegenstand, indem man zuerst den Grundbaustein nimmt und ihm dann einen Namen gibt.

  Regel 1: Zuerst kommt der Grundbaustein.
  Regel 2: Du gibst dem Grundbaustein einen Namen.

- Die so gezeugte Variable ist, in dieser Form, so leer wie der Safe im letzten Kapitel. Sie wartet gewissermaßen darauf, dass sie eine Gestalt annimmt.
  Wie kann man das tun? Man muss sie bloß ansprechen. Weil sie im Speicher vorliegt (den man sich als die **Schöpfung** des Programmierers denken kann), kann man ihr einfach auf Zuruf einen Wert zuweisen.

  Regel 3) Du gibst deinem getauften Grundbaustein eine Gestalt.

  In der Programmiererfachsprache sagt man, dass man damit eine Variable **initialisiert**. Dies kann, wie im folgenden Beispiel, auch im Augenblick der Schöpfung geschehen:

  ```
  int neu = 27;
  ```

Dies heißt: von jetzt an gibt es ein neues Integer-Objekt mit dem Namen ›neu‹ - und es hat den Wert 27.

✪ Die Initialisierung ist keineswegs notwendig. Ich kann das Objekt definieren und ihm später erst einen Wert zuweisen:

```
int neu;
...
neu = 333;
```

✪ Es ist wichtig, dass man den Schöpfungsakt nur einmal vollzieht. Habe ich etwa das Objekt ›neu‹ auf diese Weise gebildet, so darf ich die Anweisung

```
int neu;
```

nicht noch einmal schreiben. Denn damit würde ich versuchen, ein neues **integer-** Objekt namens **neu** zu erzeugen. Dies gibt es aber schon. Daher die Regel 4) 𝔚𝔦𝔡𝔢𝔯𝔯𝔲𝔣𝔢 𝔇𝔢𝔦𝔫𝔢 𝔊𝔢𝔰𝔠𝔥ö𝔭𝔣𝔢 𝔫𝔦𝔠𝔥𝔱. 𝔑𝔢𝔫𝔫 𝔖𝔦𝔢 𝔟𝔢𝔦𝔪 𝔑𝔞𝔪𝔢𝔫. 𝔖𝔢𝔦 𝔣𝔯𝔢𝔲𝔫𝔡𝔩𝔦𝔠𝔥.
Im Übrigen ist es nicht schlimm, wenn man diesen Fehler begeht. Der Compiler wird sagen: Dieses Objekt ist schon definiert. Freilich ist diese Einschränkung durchaus logisch: Die Eltern geben dem zweiten Kind auch nicht den Namen des Ersten. Will man, dass sich das erste einen Anorak überzieht, ruft man es einfach beim Namen. Man sagt nicht: **Kind Anton**.

✪ Außer den herkömmlichen Grundbausteinen, den Variablen, gibt es Grundbausteine, die etwas bewirken: also Funktionen. Das wird im folgenden Kapitel besprochen. Hier ist eine Funktion vorgestellt, die jedes Programm automatisch aufruft, die sozusagen den **Beginn des Programms** darstellt: die Funktion main().
Wird diese Funktion aufgerufen, so beginnt die Zeit zu laufen.

Lektion 5

Was ist eine Funktion oder:
Vom Mann, der mal kurz Zigaretten holen ging

– *Soll das ein Gleichnis sein oder was? Ist ja ganz neu, dass die in der Bibel geraucht hätten?*

– Oh, nein. Tatsächlich ist der Vergleich mit einem Zigarettenautomaten sehr viel angemessener als das Wort, das sich die Programmierer dafür ausgedacht haben: Funktion. Wenn ich das Wort *Funktion* vor mir habe, kann ich mir gar nichts vorstellen.

– *Sehen Sie, das habe ich gewusst. Sie haben kein Organisationstalent. So wie Sie reden ... Sie gehören eben zu denen, die mal kurz Zigaretten holen gehen und nie wiederkommen. Eine Funktion ist eine Aufgabe. Der Wachmann z.B. hat die Aufgabe, die Besucher des Hauses zu kontrollieren und unerwünschte Elemente gleich wieder herauszuexpedieren. Das nenne ich eine Funktion, und sie ist umso besser, je genauer sie formuliert ist.*

– Nun ja, aber wenn Sie sich erinnern, haben wir beim

letzten Mal gesagt, dass die Funktion jener Mechanismus ist, der die Uhr zum Laufen bringt. Eine Funktion, so würde ich sagen, bestimmt sich daran, WOZU etwas da ist. Und wenn wir sagen, dass das WOZU dieses Mechanismus' die Zeit ist, kommt man ins Schwitzen. Denn das heißt: Wozu Zeit? Oder genausogut könnte man sagen: Wozu leben? Wozu lange leben, wenn man doch besser schnell leben könnte?

– *Bleiben Sie lieber beim Thema.*

– Nun gut. Wenn ich mir anschaue, wie eine Funktion aussieht, ist das Erste, was mir in den Sinn kommt, dass Sie aussieht wie ein Zigarettenautomat. Die Klammer zum Beispiel, die dem Namen des Automaten folgt, denke ich mir als jenen Schlitz, wo Sie Ihr Geldstück einwerfen.

int automat(int geldstueck) *

```
{
int zigarettenschachtel = 20;
return zigarettenschachtel;
}
```

Bei der Funktion, die wir gestern eingeworfen haben, da war die Klammer leer. Da wurde etwas ausgeführt, ohne dass etwas eingeworfen werden musste. In diesem Fall aber habe ich die Klammer gefüllt – und damit hat sie sich zu einem Schlitz verwandelt, der auf ein Geldstück wartet.

Was habe ich hinzugefügt? Diese Zeile:

---

* Hier sieht man übrigens schön, das die deutschen Umlaute verboten sind.

(int geldstueck)

Und fällt Ihnen was auf?

– *Wieso?*

– Sehen Sie nicht, dass hier ein Schöpfungsakt vorliegt?

– *Ist mir ja ganz neu, dass Gott sich als Automatenaufsteller betätigt ...*

– Erinnern Sie sich: **int**, das ist unser Zahlenklotz – und wenn ich diesen Zahlenklotz nenne, dann läuft die Logik *gesagt->getan*. Und was sage ich, wenn ich **int geldstueck** sage? Eigentlich hieße dies ja, dass von jetzt an ein Zahlenklotz mit dem Namen *geldstueck* existiert.

Aber das ist, wenn wir uns den Zigarettenautomaten vorstellen, ziemlich idiotisch. Denn das hieße ja, dass dort, wo ein Schlitz sein sollte, der das Geldstück aufnimmt, bereits ein Geldstück steckt.

Ganz offenbar ist die Klammer das Entscheidende. Sie bedeutet: ich bin ein Schlitz und hier gehört ein Geldstück rein, und zwar ein ganz bestimmtes.

(int)

Und aus diesem Grund steht im Innern der Klammer nicht bloß **geldstueck**, sondern **int geldstueck** – und das wiederum heißt, dass es ein Zahlenklotz sein muss, denn der hat, wie ein 1-Euro-Stück, ja eine ganz spezifische Größe. Würde ich zum Beispiel versuchen, einen anderen Klotz, zum Beispiel den Buchstabenklotz *char* einzuwerfen, würde der Automat streiken, denn er erwartet einen Zahlenklotz.

Stellt sich aber die Frage. Wie geht das überhaupt? Wie werfe ich nun meine Münze in diesen Automaten?

– Finden Sie nicht, dass Sie meine Geduld mit solch läppischen Fragen überstrapazieren.

– Naja, dann machen Sie doch mal, dass es funktioniert. Ist doch eine ganz eindeutige und klare Aufgabe.

– Also ich schreibe

```
automat(int 5);
```

– Oh, beim ersten Teil haben Sie aber gut aufgepasst. Aber die Klammer stimmt nicht. Erinnern Sie sich daran. Wenn Sie einen Baustein nehmen, ist es, als ob sie einen Schöpfungsakt wiederholen. Der Baustein in der Klammer, also der Schlitz, ist ja schon einmal – und zur allseitigen Zufriedenheit gebaut worden. Also reicht es, wenn ich schreibe:

```
automat(5);
```

Jetzt habe ich also mein Geldstück eingeworfen – und kann nur darauf hoffen, dass der Automat seine Arbeit tut. Diese Arbeit ist das, was im Innern der geschweiften Klammer steht.

```
{
int zigarettenschachtel = 20;
return zigarettenschachtel;
}
```

Da steht nun, dass es eine Zigarettenschachtel mit dem Wert 20 gibt (was für die Anzahl der Zigaretten im Päckchen stehen soll).
Und mit der Anweisung **return zigarettenschachtel** gibt mir der Automat die Zigarettenschachtel zurück.

Nun gut. Jetzt habe ich 20 Zigaretten. Aber wo? Der Apparat hat die Schachtel ausgespuckt – aber ich muss ja irgendwo an meinem Körper Platz schaffen, dass ich das Päckchen dort hineinstecken kann. Nehmen wir einmal an, unser Mann wäre splitterfasernackt, nur mit einer Münze versehen, aus dem Haus spaziert, direkt zum Zigarettenautomaten, dann hätte er jetzt ein Problem. Denn nicht bloß, dass man einem nackten Mann nicht in die Tasche greifen kann, er kann auch selber nichts reinstecken – einfach deswegen, weil er kein Beuteltier ist.

Gehen wir einmal davon aus, dass unser Mann bekleidet ist und des weiteren, dass er bereits ein Etui bei sich hat, in das er die Zigaretten aus dem Päckchen stecken wird. Dann würde die Geschichte so erzählt:

```
int zigarettenetui = 0;      // keine Zigaretten mehr da

int automat (int geldstueck)
{
int zigarettenschachtel = 20;
return zigarettenschachtel;
}

////////////////////////////
zigarettenetui = automat(3);
```

Ach, Gott – das ist jetzt schon eine ganz schön lange Geschichte geworden. Rekapitulieren wir einmal. Zunächst einmal haben wir die Requisite erschaffen, die wir für unseren Mann benötigen – nämlich sein wunderbares, silbernes Zigarettenetui. Das ist leer.

Dann haben wir die zweite Requisite aufgestellt, nämlich den Automaten – und wir haben ihn mit einem Schlitz versehen (im Innern der Klammer) – und einem Mechanismus, der beim Einwurf einer Münze 20 Zigaretten ausspuckt.

All das ist freilich nur die Vorbereitung – das, was dem Augenblick, da der Mann aus dem Haus geht und seine Zigaretten holt, vorausgeht.

Die Geschichte selbst ist eigentlich ganz schnell erzählt. Das ist die letzte Zeile:

```
zigarettenetui = automat(5);
```

Wie können wir das übersetzen? Wenn es heißt

```
automat(5);
```

so besagt dies, dass der Mann in den Zahlenschlitz des Automaten eine Münze einwirft. Was passiert, wenn ich z.B. statt eines Euro einen englischen Schilling oder einen Rubel einwerden wollte? Der Automat im wirklichen Leben würde die Münze nicht annehmen – und genau so verfährt unsere Funktion. Sie erwartet einen Wert von einem bestimmten Datenobjekt, wie wir uns erinnern

```
integer geldstueck
```

d.h. eine natürliche Zahl. Machen wir die Probe. Werfe ich beispielsweise einen Buchstaben in den Schlitz,* z.B.

```
automat('c');
```

so würde der Compiler signalisieren, dass ich hier etwas Falsches eingegeben habe. - Nun, wir haben's richtig gemacht, und jetzt sollte der Automat seine Arbeit tun. Und wirklich: Er wirft das Päckchen aus und zaubert es ins Zigarettenetui.

Hatte das Zigarettenetui am Anfang den Wert 0 (keine Zigaretten mehr drin), so hat es nun, nach Ausführung der Funktion, den Wert 20.

Wenn ich mir nun den Wert der Variablen zigarettenetui ausdrucke, so zeigt der Rechner mir erwartungsgemäß eine 20 an.

---

* Char-Werte werden mit einfachem Anführungsstrichen eingegeben: 'a'

Aber was ist die Moral dieser Geschichte? Nun, wenn ich weiß, dass auch die Funktion nach dem Prinzip des *gesagt->getan* sich vollzieht, kann ich mir, wann immer ich in der Geschichte eine Funktion benötige, schnell einen solchen Automaten zurechtzimmern.

Nehmen wir einmal an, unser Mann, der kurz aus dem Haus gegangen ist, um mal schnell Zigaretten zu holen, wäre plötzlich von dem Gedanken heimgesucht worden, nachzurechnen, wieviele Zigaretten er in seinem Leben bereits geraucht hat. Und hätte einmal schnell überschlagen, dass er seit 27 Jahren schon raucht – und ungefähr 39 Zigaretten pro Tag. Aber wie viele Zigaretten sind das?

27 Jahre * 365 Tage * 39

Was für eine Frage, nachts um halb eins, wenn weder Bleistift noch Papier noch ein Taschenrechner zur Hand ist.

Aber nein, haben wir nicht gerade gesagt, dass wir jederzeit einen Automaten zusammenbauen können – und einen Automaten zudem, der nicht nur zwei, sondern drei Zahlen miteinander multiplizieren kann?

Zunächst, was für einen Grundbaustein soll ich für meinen kleinen Taschenrechner nehmen? Wenn ich sicher wäre, dass das Ergebnis, das er ausgeben soll, immer unter 64.535 liegt, könnte ich unseren 16er Zahlenklotz (int) nehmen, aber wahrscheinlich ist es sinnvoller, einen 32er Klotz zur Hand zu nehmen, also *long*.

Also zuerst der Grundbaustein

```
long
```

dann der Name (den ich wählen kann wie's mir beliebt) – und so sage ich einfach mal: »*Taschenrechner*«;

```
long taschenrechner
```

Und jetzt der Teil, den ich beim Zigarettenautomaten *Schlitz* genannt habe – wo ich also etwas hineinstopfen will. Und was? Nun ja, unser Mann möchte drei Zahlen hineinstecken, und weil es sich um natürliche Zahlen handelt, können wir drei **long**-Zahlenklötze nehmen:

```
long taschenrechner(long jahre, long tage, long zigaretten)
```

Damit habe ich, wenn man das bildlich nimmt, schon einen Taschenrechner erzeugt, der nicht nur eine, sondern gleich drei Leuchtanzeigen hat – nur dass er innen vollkommen hohl, also nur eine *Taschenrechnerattrappe* ist. Aber das ist schnell gefüllt. Das Innenleben, wie wir uns erinnern, steckt immer zwischen den geschweiften Klammern {...} – und wir können es in einer einzigen Zeile schreiben

```
long taschenrechner(long jahre, long tage, long zigaretten)
   {
   return = jahre * tage * zigaretten;
   }
```

Nun – die Multiplikation ist ganz simpel. Und so wie unser Zigarettenautomat über den RETURN Mechanismus sein Päckchen ausgespuckt hat, so gibt der gleiche Mechanismus nun die Summe heraus.

Nun haben wir unserer Geschichte zwar die Requisite (also die Funktion) bereitgestellt, aber unser Mann braucht natürlich seinerseits einen Aufbewahrungsort für seine Frage – und dann muss er den imaginären Taschenrechner anwerfen.

Zunächst der Aufbewahrungsort:

```
long viel_rauch_um_nichts
```

Und jetzt kann ich zur Tat schreiten:

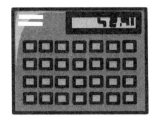

```
viel_rauch_um_nichts = taschenrechner(27,365, 39);
```

Nun, jetzt hat unser Mann zwar die Antwort auf unsere Frage bekommen, aber wir nicht. Zumindest würden wir sie gerne auf dem Bildschirm sehen. Wenn wir dazu unsere altmodische Konsole nehmen, ist die Ausgabe ganz einfach. Sie heißt:

```
cout << viel_rauch_um_nichts;
```

Der Befehl *cout* << schreibt den Inhalt einer Variablen auf den Bildschirm, und da würde jetzt stehen:

355875

Soviele Zigaretten nämlich hat unser Mann schon geraucht.

– *Krebsopfer, sage ich nur...*

– Sehen Sie! Da fragt man sich natürlich schon, ob jetzt die Körperfunktion *Zigarettensucht* aufgefüllt werden muss – oder ob es nicht vielleicht gesünder ist, das Rauchen einzustellen und etwas anders zu tun. Und da kommt ihm der Gedanke, dass er vielleicht ganz woanders hingehen und noch einmal ganz von vorn, ganz ohne Zigaretten, beginnen könnte. Aber das will er nicht selber entscheiden, sondern er möchte, dass das eine Münze, also ein Münzorakel für ihn entscheidet.

[Fortsetzung folgt]

Was wir gelernt haben...

- Wir haben gelernt, dass eine **Funktion** so funktioniert wie ein Zigarettenautomat. Sie nimmt einen Eingabewert entgegen, verwandelt ihn und spuckt ein Ergebnis aus.

- Eine Funktion besteht aus 2 Teilen, einem Funktions**kopf** und einem Funktions**rumpf**. Auf das Beispiel des Zigarettenautomaten bezogen, wäre der Funktionskopf das, was man von außen sieht, der Funktionsrumpf das Innenleben des Automaten.

- Der Eingabewert (der, bildlich gesehen, dem Schlitz des Automaten entspricht) steht in Klammern. Er zeigt an, was für einen Datentyp die Funktion erwartet – und erzeugt damit gleichzeitig eine Variable, die im Automaten weiterverarbeitet werden kann.

- Die deutschen Umlaute **ä** und **ö** und **ü** und **ß** sind in den Programmiersprachen nicht erlaubt.

- Der Funktionsrumpf ist kenntlich daran, dass er zwischen geschweiften Klammern steht, etwa so:
  {
  }

- Funktionen geben in der Regel (wie der Zigarettenautomat) etwas hinaus. Dieser Wert folgt auf die Anweisung **return**, die sich in der Funktion findet.

- Was für ein Baustein zurückgegeben werden soll, ist im Funktionskopf zu lesen, und zwar vor dem Funktionsnamen. Die Funktion `int automat (int geldstueck)` verlangt demzufolge die Rückgabe eines **integer**-Wertes.

Lektion 6

In der Bibliothek

In der Nacht träumt er, dass er in seinem Kinderbett aufwacht, mit dem Schaukelpferdchen, dem Globus und dem mondbeschienenen Rosenmuster an der Wand. Vor allem aber hat er einen Bärenhunger. Er klettert die Stiegen hinunter und sieht, dass in der Bibliothek Licht brennt – und aus irgendeinem Grund weiß er, dass es dort etwas zu essen gibt. In der Tat, da sitzt ein schwer atmender Teufel am Studiertisch, nur dass er statt eines Buches eine Stulle mit Leberpastete in sich hineinschlingt. Köstlich, sagt der Teufel, magst auch eine Stulle?

Du bist doch ein Teufel, sagt unser Kleiner. Zweifellos.

Nicht nur, dass der Teufel rot ist von oben bis unten, darüberhinaus trägt er einen orthopädischen Schuh wie Tante Erika, nur dass die keinen Bocksfuß, sondern bloß einen Klumpfuß zu verbergen hat. Und, sagt unser Kleiner, warum bist Du hier? Fortbildung, sagt der Teufel, die haben mich zur

Fortbildung hochgeschickt. Wenn Du wüsstest, womit man sich heutzutage abplagen muss. Ich sitze schon seit Teufelsgedenken da unten, aber was da jetzt abgeht – TeufelTeufel!, sowas hat es noch nie bei uns gegeben. Was ist denn so los in der Hölle?, fragt unser Kleiner in einer Aufwallung von Mitgefühl, für das er sonst, der Schrecken aller Frösche und Hauskatzen, nicht gerade bekannt ist (aber das ist wirklich ein ausnehmend netter Zeitgenosse). Moment, sagt der Teufel, rülpst ein bisschen (so dass etwas gelblicher Schwefeldampf aus Nüstern und Ohren hervorquillt, eine kleine Schwefelsäule, die an der Rousseau-Gesamtausgabe vorbei in Richtung *Pschyrembel* entschwebt) – und dann hält er sich seinen Bauch. Ach, ich weiß gar nicht, wo man anfangen soll. Vielleicht sind diese Umweltfanatiker und Gesundheitsapostel daran schuld, auf jeden Fall ist jeder neunmalkluge Unterteufel heutzutage davon überzeugt, dass die Hölle mit ihren Hochöfen und fossilen Energiequellen vollkommen veraltet ist – und die Losung lautet jetzt: *Potzblitz, Hölle ans Netz*. Und weißt Du, wer das bewerkstelligen soll? Du vielleicht, sagt der Kleine zweifelnd und beißt in die Stulle, die er sich zurechtgeschmiert hat, mit einer sauren Gurke obenauf. Erraten, sagt der Teufel, aber keine Ahnung, wie die auf mich verfallen sind. Eines Tages wurde ich vor unseren Oberteufel bestellt, und da hieß es, Uriel, mein Bester, der Teufel steckt im Detail, häng dich rein. Und jetzt hänge ich drin. Handbücher wälzen... es ist die Hölle, sage ich Dir. Und, sagt der Kleine (und merkwürdigerweise spürt er, wie so etwas wie Stolz durch seine Adern strömt), lernst Du jetzt auch C++? Ja klar, sagt der Teufel – aber das macht mich wahnsinnig. Wir haben da so ein paar frischgebackene Ausbilder rekrutiert, Slacker, Hacker oder was es sonst für Perverslinge gibt auf der Welt

– und die kommen immerfort mit irgendwelchen Neuerungen. Da verliert man den Glauben, sage ich Dir! Der Teufel streichelt zärtlich eine Havanna-Zigarre (noch eingepackt, in knisterndem Papier) und sagt: Kannst Du Dir vorstellen: Rauchverbot in der Hölle? Ach, der Teufel seufzt, zündet seine Havanna-Zigarre an und reicht auch ihm eine riesengroße Zigarre und so sitzen sie, ganz einverständig, nebeneinander, in dichten Qualm gehüllt, und schauen zu, wie der Rauch zur Decke hinaufsteigt...

Die Nummer Eins schrickt auf – und begreift, dass er weder in seinem Kinderbett liegt noch in der Bibliothek des Vaters, sondern in seinem eigenen Büro, dahingeflezt in den ledernen Chefsessel. Und ihm gegenüber unser Programmierergott. Eigentlich ist alles wie immer. Mit dem kleinen Unterschied, dass er noch immer einen Kinderschlafanzug anhat, mit viel zu kurzen Ärmeln und viel zu kurzen Hosenbeinen und – Gipfel der Peinlichkeit – all diesen Bärchen, die dem Schlafanzug aufgedruckt sind.

– Ähmmm, fahren Sie fort.. Wo sind wir stehengeblieben?

Wir wollten ausrechnen, wieviele Zigaretten unser Mann

schon geraucht hat, und dazu schreiben wir:

```
cout << viel_raum_um_nichts;
```

– *Was soll das? Wo kommt den jetzt dieser sonderbare Befehl her? Ist das einer der Bauklötze, die ich noch nicht kenne?*

– Tja. An dieser Stelle muss man wohl einsehen, dass wir nicht ganz allein sind auf der Welt, sondern immer die Hilfe von anderen brauchen.

Und wenn ich mich auch bemühe, möglichst wenig fremde Hilfe anzunehmen (weil nur dies mir erlaubt, etwas von Grund auf zu verstehen), kommt doch der Augenblick, da man den Befehl eines anderen benutzen muss und will. Da hat nämlich jemand anderer einen Automaten gebaut, der aus solchen Grundbausteinen besteht, wie wir sie besprechen – aber wenn wir ihn nachbauen wollten, würde dies endlos lange dauern, und zudem würde unser Ergebnis kein bisschen besser ausfallen. In einem solchen Fall würde man gerne auf diese Fertigbauteile zurückgreifen können.

Verstehe, sagt unsere Nummer Eins – hüllt sich in Rauchwolken, verkreuzt die Arme vor der Brust und versucht zumindest hier das Bärchenmuster zu kaschieren.

- Nun kommt die Sprache C++ (wie jede andere Computersprache) mit einer ganzen Reihe solcher Fertigbauteile daher. Der Befehl **cout <<** gehört dazu, und wenn wir ihn benutzen wollen, müssen wir diesen Befehl, wie all unsere Requisiten, erst einmal bereitstellen. Der Befehl *cout* steckt nun seinerseits, wie üblich, in einer ganzen Kiste von Fertigteilen. Wenn man weiß, wie schrecklich es ist, in einer Lego-Kiste einen ganz bestimmten Stein zu finden, ist man natürlich dankbar, wenn der Computer diese Arbeit übernimmt, und genau das macht der Befehl

```
#include <iostream>
```

Include kommt von »einschließen, einbeziehen«.

Ich kann also jeden Befehl aus der Kiste herausholen - und muss sie nicht einmal zur Gänze kennen. In der Regel funktioniert dies wunderbar, so simpel, wie wenn Sie eine neue Geschirrspülmaschine kaufen, auf den Knopf drücken – und dann beginnt das Gerät seine Arbeit. Das heißt: man muss nicht wissen, wie es funktioniert. Man muss nur wissen, wo der Knopf zum Anschalten ist.
Aber dennoch kann es passieren, dass etwas schief geht. Dann kann das, was ein Vorteil war, geradewegs zum Nachteil ausschlagen...

– Wieso, dann lasse ich die Maschine einfach zurückbringen –

– Aber was, wenn der Fehler nicht in der Geschirrspülmaschine steckt, sondern an der Art des Anschlusses liegt (weil Sie einen falschen Stecker benutzen)? Oder weil ein anderes Gerät eine Fehlfunktion hat, die erst dann sichtbar wird, wenn Sie Ihre Geschirrspülmaschine anwerfen?

– *Dann lasse ich einen Spezialisten kommen – aber was soll diese Fragerei?*

– Der Teufel, mein Lieber, steckt im Detail.

– *Was hat der Teufel damit zu schaffen?*

– Eine Redensart, nichts weiter. Was ich vielmehr sagen wollte: dieses Detail ist umso hinterhältiger, je undurchsichtiger der Zusammenhang ist. Nehmen wir einmal an, dass der Spezialist etwas vom Innenleben einer Geschirrspülmaschine versteht – aber was weiß er über das Innenleben Ihrer selbstverfertigten Geräte? Nichts, wie sollte er auch? Denn für dieses Programm sind allein Sie Spezialist. Damit aber ist die Existenz eines Spezialisten, der kommt, und mit einem Handgriff den Fehler behebt, eine Unmöglichkeit.

Tatsächlich besteht die einzige Chance, die man hat, im Wissen über die Fehler, die an den Anschlussstellen auftauchen können. Gewiss, im Idealfall würde man gar keine Fremdgeräte benutzen, aber dies ist so gut wie unmöglich, ist doch bereits die Sprache, die wir benutzen, ein *Fremdgerät*. Z.B. muss man, wenn man einen besonderen Befehl benutzen will, einen solchen *include* Befehl benutzen:

Dabei benutzt man genau diese Schreibweise,

1. das #-Zeichen

2.   das Wort **include**

3.   in spitzen Klammern schließlich den Werkzeugkasten, dessen man sich bedienen will

Was aber macht unser Übersetzer mit diesen Zeichen?

Das **#**-Zeichen bedeutet, dass zuallererst diese Dateien zu übersetzen sind, include bedeutet Einschließung, in den spitzen Klammern schließlich befindet sich der Name der Datei. Findet der Compiler die Datei im angegebenen Verzeichnis, wandelt er sie um in Maschinencode – und plötzlich haben Sie ein Fremdgerät parat. Das ist, wie wenn Sie eine Mikrowelle kaufen...

– *Sie meinen, ich muss gar nicht selbst programmieren? Ich kann mir einfach irgendwelche Fertigteile in mein Programm stellen. Das sollte ich dem Uriel sagen ...*

– Uriel?

– *Ach, unwichtig –*

– Was Ihre Frage angeht: Im Prinzip haben Sie Recht. Man kann allerlei Fremdbausteine in das eigene Programm integrieren, im Extremfall sogar ein Programm aus lauter Versatzstücken erzeugen. Sie müssten lediglich (wie ein Installateur) den Anschluss herstellen:

```
#include <iostream>
```

Dabei gibt es zwei verschiedene Anschlusstypen. Nimmt man die mitgelieferten Fertigteile zur Hand, schreibt man das wie oben. In diesem Fall sucht der Compiler in der Bibliothek (die wiederum nichts anderes ist als ein Verzeichnis) nach einer Datei mit dem Namen

```
iostream.h
```

h steht hier für »header« und meint das, was ganz oben steht. Eine solche Header-Datei werde ich auch bekommen, wenn ich z.B. in einen Fertigteil-Laden gehe (wie http://www.codeproject.com) und mir ein anderes Gerät herunterlade. In diesem Fall würde ich die Datei in meinem Arbeitsverzeichnis platzieren – und dem Compiler folgende Botschaft übermitteln:

```
#include "NeuesGeraet.h"
```

Dass hier statt der spitzen Klammer Anführungsstriche stehen, besagt eben dies: Suche nicht in der Bibliothek, sondern suche im Arbeitsverzeichnis!

– Und ich kann beliebig viele solcher Geräte anschließen –

– Ja. Und doch denke ich, dass man dies im Anfangsstadium gerade nicht tun – oder zumindest auf das Allernotwendigste begrenzen sollte. Tatsächlich gibt es, über den *include*-Befehl noch eine Reihe weiterer Techniken, wie man Fremdgeräte in die eigene Arbeit integriert (ActiveX, COM-, dll-Anschlüsse), aber all dies ist ja nichts weiter als ausgeborgtes Wissen. Im Vertrauen auf andere verliert man schnell das Vertrauen in sich selbst.

Was wir gelernt haben...

- Man muss nicht immer das Rad neu erfinden, sondern man kann die Arbeit anderer in das eigene Programm integrieren.

- Dazu benutzt man den Befehl **#include**, der an den Anfang des Programms gesetzt wird, und zwar deshalb, weil das Programm, **bevor** ein Befehl aus dieser Bibliothek herbeizitiert werden soll, erst einmal darüber in Kenntnis gesetzt werden muss, um welche es sich handelt.

- Benutzt man die Standard-Bibliotheken (die mit jedem Entwicklungsprogramm mitgeliefert werden), so schreibt man die entsprechende Datei in spitzen Klammer, also:
  #include <iostream>

- Handelt es sich um eine spezielle Bibliothek, so sollte sie im Verzeichnis liegen, in dem auch das Programm abgespeichert ist. Dann schreibt man:
  #include "NeuesGeraet.h"

- Häufig werden Bibliotheksdateien in geschlossener Form ausgeliefert. Man bekommt eine Headerdatei (erkennbar an der Endung .h), dann eine sogenannte Library (erkennbar an der Endung .lib).
  Diese beiden Komponenten entsprechen dem, was, um die Funktion zu erklären, **Funktionskopf** und **Funktionsrumpf** genannt wurde. In der Header-Datei stehen die Funktionsköpfe, in der Library die ganzen Funktionen, mit Rumpf.
  Um eine solche *lib-Bibliothek dem Compiler bekannt zu machen, gibt es verschiedene, programmspezifische Wege, die auf unserer Website nachzulesen sind.

Lektion 7

Das Münzorakel

Wo waren wir? Da steht unser Mann in der Mitte der Nacht und findet, weil wir es für ihn hingelegt haben, ein Portemonnaie.

```
int portemonnaie = 1864;
```

Nun wissen wir, dass dieses Portemonnaie (das natürlich ein Zahlenklotz vom Typ *int* ist und nur den Namen *portemonnaie* trägt) einen Betrag von 1864 enthält. Das aber kann unser nächtlicher Raucher nicht wissen. Stattdessen kommt ihm in den Sinn, dass dieses Portemonnaie, das eine höhere Macht (wir!) dort für ihn bereitgelegt hat, über sein weiteres Schicksal entscheiden könnte.
Er sagt sich also: Wenn in diesem Portemonnaie mehr als 1000 Euro sind, dann werde ich keine Zigaretten kaufen, ich werde auch nicht wieder nach Hause, sondern ich werde nach Caracas gehen. Oder sonstwohin, Hauptsache, weit weit weg. Früher hätte man in einem solchen Fall vielleicht ein Orakel befragt, jetzt aber befragt unser Mann ein Ding – und er macht dies im Sinn einer

Wenn -> Dann-Frage

Wie aber lässt sich soetwas in einem Programm ausdrücken?

Denn wie wir wissen, existiert der Raucher, den wir in die Nacht hinausgeschickt haben, ja gar nicht wirklich. Oder doch: er existiert als Metapher, *als Wunschtraum des Mannes, der mal eben Zigaretten holen geht*... Und weil er, wie eine Kinofigur, unsere Wünsche verkörpert, sind wir diejenigen, die ihm all dies eingeben müssen. Denn ihm fehlt der eigene Wille. Und Urteilsvermögen. Und Intelligenz. Und es ist zweifelhaft, ob wir einem Automaten je so etwas wie Willenskraft, Urteilsvermögen und Intelligenz einträufeln können – aber wir können es wenigstens simulieren.

Also: Machen wir uns an die Arbeit, bauen wir ihm eine Funktion, die es ihm gestattet, auch nur einmal nachzuschauen, ob der Betrag, der im Portemonnaie steckt, größer als 1000 ist oder nicht.

Dazu nutzen wir jetzt einen neuen Datenklotz (einen jener sechs Grundbausteine, die hier im Zimmer schweben).

Bool = 0,

☐ ☐ ☐ ☐ ☐ ☐ ☐ ☐

Bool = 1

■ ■ ■ ■ ■ ■ ■ ■

Dieser Datenklotz, der ein Achter-Stein ist (und damit unserem Buchstabenklotz *char* größenverwandt ist) kennt, obwohl man 256 Möglichkeiten damit ausdrükken kann, nur zwei Zustände. Er sagt entweder JA oder NEIN.

– *Das ist doch ganz eindeutig eine Verschwendung.*

– Ja, und ganz sparsame Programmierer würden jedes einzelne Bit, also jedes Kästchen ausnützen, um eine Entscheidung zwischen Ja und Nein auszudrücken. Dass man sich trotzdem auf eine solche Verschwendung eingelassen hat, liegt daran, dass man beim Speichern (mit dem Speicherklotz *Byte*) im Mindestfall immer acht Kästchen, 8bit = 1 byte, abspeichert und wieder einliest.

– *Und was bedeutet dieses »bool«?*

Kurzausflug: Das Leben des George Boole

Ach, lieber Leser, jetzt mische ich mich doch einmal ein – einfach deswegen, weil ich diese Geschichte erzählen möchte, die sonst nirgends erzählt wird. Zwar lernt jeder brave Informatiker, dass der Legoklotz **bool** (**Boole** oder **Boolean**, wie er in anderen Sprachen heißt), deshalb so heißt, weil der Mathematiker, der diese Logik ersonnen hat, George Boole mit Namen hieß. Aber wenn man wenigstens hinzufügen würde, wann dieser Mann gelebt hat! Wenn man nur einmal schriebe, George Boole (1815 – 1864), dann könnte man sich doch wenigsten darüber verwundern: Was, im 19. Jahrhundert, soll es schon Computer gegeben haben!? Aber so? So eilen wir daran vorbei und schreiben bool bool bool – und wundern uns nicht ein einziges Mal darüber. Bis wir, wenn denn der Zufall uns dorthin führt, über seinen Grabstein stolpern, der die Zahl 1864 trägt (und damit die Zahl, der auch unser nächtlicher Raucher begegnet).

Sind wir schon bass erstaunt darüber, dass wir unsere eigene Vergangenheit nicht kennen, so muss man sich nur überlegen, wie es einem Zeitgenossen Booles ergangen sein mag: denn hier wäre er doch einem Menschen begegnet, der die Träume eines Computers zu träumen beginnt. Was, wenn man die Zeit sich vor Augen hält, nichts anderes gewesen wäre als ein menschlicher UFO. Aber vielleicht ist das Sonderbare, dass wir den entscheidenden Augenblick gar nicht mitbekommen – weil dieser Augenblick, als Boole den Computer zu denken begann, eins war mit der Entscheidung unseres Rauchers auf Nimmerwiedersehen zu verschwinden. Und so stelle ich mir die Geschichte vor: Irgendwann, in den vierziger Jahren des 19. Jahrhunderts,

sitzt ein Mann an einem Fenster und schaut hinaus. Überall stehen riesige Schornsteine herum, und der Himmel über der Stadt ist undurchdringlich, graugelb verdüstert. Vielleicht, denkt sich der Mann, bin ich umgeben von Fossilien, die nichts Besseres zu tun haben, als Fossilien zu verbrennen. Und dann folgt sein Auge dem Rauch – und er denkt sich, das ist doch sonderbar, dass auch die härtesten Dinge einfach so verdampfen können. Und plötzlich passiert etwas Merkwürdiges. Plötzlich sieht er nicht mehr einzelne Dinge, sondern, dass die Dinge aus kleinen Staubkörnchen, aus winzigkleinen Partikeln zusammengesetzt sind. Und weil er Mathematiker ist, denkt er sich, dass es sonderbar ist, dass sich die Mathematiker die Zahlen als Dinge denken, als ob die Eins, sozusagen von Natur, von der Zwei unterschieden wäre – so wie ein Stein sich von einem Schuh unterscheidet.
Ich weiß nicht, was er sich wirklich gedacht hat, nur dass all dies in dem Buch steht, das er schrieb, bevor er auf Nimmerwiedersehen verschwand. Es trägt den Titel **Laws of Thoughts** und ist im Jahr 1853 erschienen, aber niemand, niemand hat zu seiner Zeit auch nur einen Blick in dieses Buch hineingeworfen. In diesem Jahr hatten die Leute anderes zu tun. In Brasilien fand eine Sklavin den *Stern des Südens,* den größten Diamanten, den die Welt je gesehen hatte (252 Karat), der Goldrausch in Kalifornien begann – und Billy the Kid war noch nicht einmal auf der Welt, geschweige denn, dass er einen anderen aus der selbigen hätte herausbefördern können. Eigentlich bin ich gar nicht sicher, ob das wirklich ein Buch war oder nicht vielmehr ein Meteor, der von einem anderen Stern auf uns herabgekommen ist – auf jeden Fall lag dieses Buch, schwer wie ein Wackerstein, fünfzig Jahre in den Bibliotheken, bis ein an-

derer Logiker sich daranmachte – einer, der diesen großen Brocken zu schlucken vermochte. Aber der, ein übrigens nicht so angenehmer Zeitgenosse, war fürchterlich verbittert, dass man sein Genie (das doch nichts war als der Boolesche Wackerstein) nicht zu erkennen vermochte, und so beschäftigte er sich fortan damit, alle anderen zu hassen und für ihre Ignoranz zu bestrafen: die Studenten, die anderen Professoren, die Sozialisten, die Juden – und dann überhaupt alle Ausländer. Und wahrscheinlich, insgeheim und am allermeisten hasste er Boole, denn wenn jemand verantwortlich war für seine Verdauungsbeschwerden, dann nur der Verfasser dieses schrecklichen Buches, an dem er ein Leben lang herumgekaut hatte. Und mochte es ihm, Frege, vielleicht geglückt sein, dieses Buch so umzuformulieren, dass man ihn für seinen Autor halten mochte, so wusste er doch, dass, wenn jemand zufällig einen Blick in das Boolesche Werk werfen würde, man augenblicklich begreifen würde, dass seine, die weltberühmte Fregesche Logik, nichts anderes gewesen war als eine langanhaltende Verdauungsbeschwerde. Aber Boole war ja schon lange Geschichte. Nein, nicht einmal das. Denn damit etwas Geschichte sein kann, muss sich wenigstens einer daran erinnern. Stattdessen war er aus der Welt gegangen, ohne irgendwem Bescheid zu sagen. Meiner bescheidenen Meinung nach gibt es nur zwei Möglichkeiten. Erstens: Boole ist nicht verschwunden, sondern sitzt, wie eine offene Frage, noch immer in jedem **bool**, oder aber: Er ging aus dem Haus – und wurde zu dem, was er schon immer, seit er zu denken begonnen hatte, gewesen war: ein Außerirdischer.

– Sagen Sie mal, müssen wir uns diesen Schulfunk anhören?

– Ach, ich fand's ganz amüsant... Jedenfalls muss ich nicht mehr erklären, was es mit dem *bool* auf sich hat. Also: wozu brauchten wir diesen Klotz? Genau, wir wollten damit den Ausgang einer Wette, ein Ja oder Nein speichern. Und da verfahren wir wie üblich:

```
bool entscheidung;
```

Wir nehmen den Datenklotz **bool** und geben ihm den Namen »entscheidung«.

Jetzt könnte man die Frage stellen: Was passiert eigentlich, wenn man die Gestalt eines solchen Datenklotzes nicht beschreibt?

Ganz einfach: der Datenklotz beginnt mit dem Wert 0. Ob ich nun schreibe:

```
bool entscheidung;
```

oder

```
bool entscheidung = 0;
```

oder

```
bool entscheidung = FALSE;
```

ist eigentlich einerlei.

Nun haben wir zwar einen Reporter erzeugt, der uns den Ausgang der Entscheidung übermittelt, aber wir müssen noch den *Entscheidungsfindungsprozess* beschreiben. Und genau hier kommt ein neues Element ins Spiel, denn wir müssen ja eine Wenn-Dann-Entscheidung beschreiben. Beginnen wir also damit, unseren *Entscheidungsfindungsautomaten* zu bauen. Diesmal wählen wir nicht den Zahlenklotz (**int**), sondern unseren schönen Außerirdischen: **bool**. Und warum? Weil wir am Ende der Funktion keine Zahl, sondern ein Ja oder Nein, ein Wahr oder Falsch (eine 1 für wahr, eine 0 für falsch) zurückgeben wollen.

```
bool was_ist_drin (int menge_geld)
{
...
return entscheidung;
}
```

Nun hat auch dieser Entscheidungsfindungsautomat einen Schlitz, in den wir unser Portemonnaie hineinstecken wollen (und weil es ein Zahlenklotz vom Typ **int** ist, müssen wir den Schlitz entsprechend einstellen). Dabei muss der Schlitz, wie man sieht, keineswegs den Namen der Variablen tragen, die er überprüfen soll. Man könnte ja auf den Gedanken verfallen, kein Portemonnaie, sondern irgendein anderes Objekt hineinzustecken, und da ist nur wesentlich, dass dieses Objekt die Größe des Schlitzes hat.

Jetzt aber zur entscheidenden Prüfung, der einzigen Frage, die unseren Raucher interessiert. Mögen wir uns mit

Boole und Frege herumschlagen, ihn interessiert lediglich, ob in dem Portemonnaie mehr als 1000 Euro stecken. Und da wir bestrebt sind, ihm zur Seite zu stehen, schreiben wir Folgendes in den Rumpf der Funktion (also zwischen die geschweiften Klammern {} hinein):

```
if (menge_geld > 1000)
{
entscheidung = 1;        // Entscheidung lautet Ja
}
else entscheidung = 0;   // Entscheidung lautet Nein
```

Übersetzen wir die den Code ins Umgangssprachliche zurück, so lesen wir:

```
Wenn( das Objekt größer als 1000 ist)
    {
    dann lautet die Entscheidung Ja;
    }
    ansonsten lautet sie Nein.
```

Vergleichen wir diese Passage mit einer Funktion, so könnte man sagen, dass sie ganz ähnlich aussieht. Auch hier gibt es einen Eingabeschlitz, der in einer Klammer steht und einen Ausführungsteil, der zwischen den geschweiften Klammern steht. Anders jedoch als bei unseren bisherigen Beispielen findet hier nicht nur eine Übergabe, sondern ein Vergleich zweier Größen statt, nämlich

```
menge_geld > 1000
```

Das Vergleichszeichen > ist aus der Mathematik bekannt, es bedeutet *größer als*.

Es gibt drei dieser sogenannten Vergleichsinstrumente

```
> größer als
< kleiner als
== ist gleich goß
```

und allesamt können sie bei der if-Abfrage verwendet werden.

```
int portemonnaie = 1864;   // Portemonnaie wird ausgelegt

//////// Entscheidungsfindungsautomat wird aufgebaut

bool was_ist_drin (int menge_geld)
{
bool entscheidung;
if (menge_geld > 1000)
    {
    entscheidung = TRUE;   // Entscheidung lautet Ja
    }
else entscheidung = FALSE;  // Entscheidung lautet Nein
return entscheidung;
}
///////// jetzt folgt der Aufruf der Funktion

was ist drin(portemonnaie);  // Augenblick,da der Held
                             // das Portemonnaie überprüft
```

Damit haben wir die Geschichte erzählt. Aber ein wichtiges, unverzichtbares Element ist hier hinzugekommen: nämlich die Möglichkeit, dem Code Kommentare hinzuzufügen. Dadurch werden Anweisungen, die der Maschine verständlich sind, aber ihrem Verfasser mit der Zeit rätselhaft werden, wieder lesbar.

Um einen Kommentar zu erzeugen, benutzt man einen Doppelschrägstrich. Diese Texte werden vom Compiler ignoriert, sie sind nur dazu da, dass der Erzähler der Geschichte seinen eigenen Gedanken noch folgen kann. Für uns hat dies den Vorteil, dass wir die Programmzeilen nicht mehr so ausgiebig kommentieren müssen – sondern uns stärker auf die Logik des Ablaufs konzentrieren können.

Wie man sieht, haben wir

- zuerst unsere Requisiten ausgelegt,
- dann den benötigten Entscheidungsapparat erzeugt
- zuguterletzt die Geschichte erzählt

Oder, wenn man die Reihenfolge logisch sehen möchte, dann folgen aufeinander:

- Definition der Variablen
- Definition der Funktion
- Ausführung der Funktion

Was wir gelernt haben...

- Wir haben den Datentyp **bool** kennengelernt und wissen jetzt, dass all dies mit einem gewissen George Boole zu tun hat.

- Wir haben gelernt, wie eine WENN-DANN Abfrage funktioniert.

- Eine solche Klausel findet innerhalb von Funktionen Anwendung. Sie hat die Form:

    ```
    if (a > b)  // Wenn a größer als b
    if (a < b)  // Wenn a kleiner als b
    if (a == b) // Wenn a gleich b ist
    ```

    dann folgt ein Innenteil, der genau wie bei einer Funktion mit geschweiften Klammern begonnen und beendet wird. Also:

    ```
    if (a > b)
       {
       }
    ```

- Wir haben ein kleines Programm geschrieben und dabei die allgemeine Reihenfolge eines Programms kennengelernt:

    - Definition der Variablen
    - Definition der Funktion
    - Ausführung der Funktion

    Diese Reihenfolge ist wichtig! Ruft man eine Funktion auf, die eine Variable enthält, die dem Compiler zu diesem Zeitpunkt noch nicht bekannt ist, gibt es eine Fehlermeldung.

Lektion 8

Das Elend des Vergleichens

– Ist Ihnen klar, dass wir noch nicht über Geld geredet haben?

– Ach, wirklich?

– Und? Was ist Ihr Preis?

– Ich weiß nicht, ob Sie das bezahlen können.

– Sie machen Witze. Ich habe bislang alles und jeden bezahlen können. Also raus damit!

– Naja, wenn Sie so fragen, frage ich andersherum: Womit glauben Sie denn, mich bezahlen zu können?

– Sie wollen, dass ich einen Preis nenne?

– Nein, ich meine die Währung, die Ihnen so vorschwebt.

– Euro, Dollar, Schweizer Franken, was immer Sie so wollen, von mir aus bekommen Sie auch thailändisches Baht. Oder kambodschanischen Riel. Oder wollen Sie Naturalien. Ein Auto? Ein Schiff?

– Ich habe nichts gegen Geld, im Gegenteil. Ich liebe Geld, je mehr, desto besser. Und trotzdem frage ich mich, ob Sie das, was ich Ihnen gebe, tatsächlich begleichen können. Das hieße ja, dass man etwas Gleichartiges austauschte.

– *Irgendetwas stimmt nicht mit Ihnen. Wer weiß, vielleicht sind Sie doch Kommunist.*

– Sagen wir mal, Sie geben mir 1.000.000 – Lira, Riel, Franken, was immer. Und ich gebe Ihnen, was ich weiß. Aber ich gebe Ihnen auch das, was ich nicht weiß. Und sehen Sie: genau da liegt der Unterschied.

– *Wollen Sie damit sagen, dass Ihnen mein Geld nicht gut genug ist?*

– Oh, Gott bewahre!

– *Also: wo ist dann das Problem?*

– Ich stolpere über das Gleichheitszeichen. Nehmen wir mal an, der Herr A kauft vom Herrn B einen Gesundheitslatschen und Herr B benutzt das eingenommene Geld dazu, eine Antipilzcrème zu kaufen. Und weil der logische Satz lautet: Wenn A = B und A = C, muss auch B = C sein. Und das wiederum heißt:

```
1 Gesundheitslatschen = 1 Antipilzcrème
```

Das mag ja noch vorstellbar sein, aber wie wäre das Verhältnis, wenn A ein Haus verkaufen möchte und B Gesundheitslatschen anzubieten hat. 5000 zu 1? 10.000

zu 1 ? – Aber wer braucht 5000 Gesundheitslatschen?

– *Das, mein Lieber, war der Grund dafür, dass man Geld erfunden hat!*

– Ja, gewiss. Aber dann sagen Sie doch selbst, dass der Grund des Geldes darin liegt, Ungleiches begleichen zu wollen.

– *Ha, ich hab's gewusst: Sie sind Kommunist!*

Wenn man sagt, dass der Kommunismus die absolute Gleichheit aller ist, würde ich doch eher sagen, dass Sie der Kommunist von uns beiden sind – denn Sie behaupten die absolute Gleichheit des Geldes.

> Auf dem Fernsehschirm taucht eine lachende Waschmaschine auf und verkauft einem Gummibärchen eine Versicherungspolice mit Einspritzpumpe. Eine Armee von bösartigen Fleckenteufeln marschiert vorbei – und Antivirenkolonnen, die sich als Zitrusfrüchte ausgeben, putzen einem übellaunigen Wetterfrosch den Himmel blank. Die Welt ist wieder in Ordnung – und unsere beiden Streithähne scheinen vollkommen vergessen zu haben, worüber sie sich gerade noch ausgetauscht haben.

Wo waren wir? Das Gleichheitszeichen. Ach, es ist ein Elend, denn im Computer gibt es nicht ein, sondern drei Gleichheitszeichen

$$=$$
$$==$$
$$===$$

Und alle haben eine unterschiedliche Bedeutung.

– Sie meinen, wie drei unterschiedliche Währungen?

– Nein, aber lassen Sie uns noch einmal einen Schritt zurückgehen. Erinnern Sie sich: als wir über die Schöpfung gesprochen haben, kam doch bereits das Gleichheitszeichen ins Spiel.

```
int portemonnaie = 1864;
```

Aber kann man hier ernsthaft von einer Gleichung sprechen? Ich spreche einen Wunsch aus – und schwuppdiwupp, existiert ein Portemonnaie und darin findet sich nun ein Betrag von 1864.

Nehmen wir einmal an, mir reichte dieser Betrag nicht. Ich hätte gerne viel, viel mehr – so viel, wie ich eben in ein Portemonnaie hineinstopfen kann. Also schreibe ich (ohne den Zahlenklotz int noch einmal zu bemühen, das Portemonnaie existiert ja bereits)

```
portemonnaie = 65353;
```

Und schwuppdiwupp, habe ich diese Summe hineingezaubert.

Sehen Sie, wie unsinnig es ist, hier von einer Gleichung zu sprechen? Vielmehr handelt es sich um einen Schöpfungsakt. Denn hier läuft die Logik des *Gesagt-Getan*, und das heißt: es geht nicht um einen Tausch, sondern um eine Zuweisung.

– Sie meinen, man druckt einfach das, was man braucht? Aber das ist doch Inflation!

– Ja. Wenn die Betriebswirte lernen, dass die Erde jener Stern im Universum ist, wo Knappheit herrscht, so stimmt diese Lehre in dem Augenblick schon nicht mehr, wo sie ihren Computer anwerfen.

– Aber das ist doch das, was die Kommunisten gemacht haben?! Die haben Geld gedruckt und haben sich reich gerechnet ...

– Ja, wenn Sie so wollen: der Computer ist die *kommunistische Maschine* schlechthin. – Aber lassen Sie uns noch einmal zurück zum Gleichheitszeichen gehen. Ich würde sagen, dass hier eine Art Verwechselung vorliegt. Statt eines Gleichheitszeichens hätte man ein anderes Zeichen wählen sollen, eines, das ausdrückt, dass ich es bin, der den Wert erzeugt, z.B. so:

```
Portemonnaie -> 65353;
```

Mit einem solchen Zeichen würden ansonsten so unsinnig anmutende Formulierungen wie 1 = 2 plausibler werden, denn dann kann ich es übersetzen als 1->2, also eins verwandelt sich zu zwei.

– Eine Frage habe ich doch: Nehmen wir an, nicht nur Sie, auch ich hätte ein Portemonnaie.

```
int MeinGeldbeutel;
```

Gesagt getan. Und jetzt schreibe ich:

```
MeinGeldbeutel = portemonnaie;
```

Dann ließe sich dies doch als Gleichung auffassen. Auf

jeden Fall kann ich anschließend die Gleichung umdrehen

```
Portemonnaie = meinGeldbeutel;
```

Und jetzt herrscht die Logik der Gleichung. A = B, also ist B auch gleich A.

– Jetzt aber haben Sie einen Gedankenfehler gemacht. Wieviel Geld war am Anfang im Spiel? In meinem Portemonnaie waren (auch wenn sie nicht auf koscherem Wege hineingekommen sind) 65.353 Euro. Und Ihr Geldbeutel war leer. Dann haben Sie kurzerhand behauptet, dass Ihr Geldbeutel gleich meinem ist – und was ist passiert? Jetzt sind 130.676 Euro im Umlauf.

Wie auch immer Sie sich drehen und wenden: Wenn Sie dieses Gleichheitszeichen benutzen, vollziehen Sie in Wahrheit keine Gleichung, sondern zaubern in ihren Zahlenklotz einen bestimmten Betrag hinein.

Nun sind wir auch schon unserem zweiten Gleichheitszeichen begegnet, nämlich in der Frage:

```
if (a == b)
```

In dieser Frage begegnen wir endlich dem, was wir meinen, wenn wir sagen, dass ein Betrag gleich einem anderen ist. Denn dieser Vergleich ist nur dann gültig, wenn a tatsächlich so groß ist wie b.

Wenn ich zum Beispiel ein Bankier wäre, der versucht, die Inflation einzuhegen (eine Art moderner Don Quixote also), würde ich folgende Zeilen schreiben.

```
if (portemonnaie == meinGeldbeutel)      // der Vergleich
{
meinGeldbeutel = 0;             // und jetzt sind Sie pleite
}                               // einfach so fortgezaubert
```

Dieses zweite Gleichheitszeichen (==) hat keinen *erzeugenden Charakter*, sondern stellt eine Wertabfrage dar.

In C++, aber auch in anderen Programmiersprachen (in JavaScript beispielsweise) gibt es ein dreifaches Gleichheitszeichen === .

Dieses Gleichheitszeichen fragt nicht nach dem Wert, sondern bewertet lediglich das Äußere: welcher Art die Variable (mein Zahlenklotz) ist. Die Frage

```
if (portemonnaie === meinGeldbeutel)
```

würde sich mithin nicht auf den Inhalt der beiden Portemonnaies, sondern auf ihr Äußeres beziehen – genauer: ob es sich um Bauklötze des gleichen Typs handelt.

Ich glaube, ich bekomme Kopfschmerzen...

Was wir gelernt haben...

- Das Gleichheitszeichen hat mehrere Bedeutungen, die wir von unserem landläufigen Begriff von Gleichheit, aber auch von der Gleichheitsvorstellung der Logik unterscheiden müssen. Wenn man hier sagt A = B, so kann man die beiden Terme austauschen. Das ist aber beim Programmieren nicht der Fall!

- Wenn in einem Programm, wo integer alpha existiert, die Zeile steht:

    alpha = 5;

    so bedeutet dies, dass der Variable in diesem Augenblick der Wert 5 zugewiesen wird. Hatte die Variable zuvor einen anderen Wert, wird er einfach überschrieben. Das heißt: das Gleichheitszeichen ist eine Zuweisung.

- Will ich zwei Werte miteinander vergleichen, so muss ich das doppelte Gleichheitszeichen benutzen, wie bei der Wenn-Dann-Klausel.

    if (a == b) - in der Verneinung: if (a != b)

    Schreibe ich hier irrtümlich if (a = b), dann bekommt a den Wert von b zugewiesen.

- In C++ wird das dreifache Gleichheitszeichen benutzt, um abzufragen, ob zwei Datentypen (Bauklötze) von der gleichen Art sind. Frage ich also if (a === b), dann bringe ich in Erfahrung, ob a und b baugleich sind.

- if (a) fragt danach, ob a existiert; if(!a) danach, ob es nicht existiert.

Lektion 9

Am Getränkeautomaten

In der Nacht träumt ihm, er steht am Getränkeautomaten im 65. Stock, aber kaum, dass er eine Münze in den Schlitz werfen will, spuckt der Automat seinerseits eine Münze aus, ja schlimmer noch, katapultiert sie regelrecht heraus, so dass er sich ducken muss. Als er, ein sparsamer Mensch, die Münze aufhebt, ist es ein 65-Cent Stück. Aber das gibt es doch gar nicht! Zweifellos doch, denn jetzt kommt schon ein zweites 65-Cent-Stück herausgeschossen, so schnell dass unser Dickerchen aus seinen Latschen kippt (aber seit wann trage ich Gesundheitslaschen, fragt er sich). Aber dann sieht er sie schon nicht mehr, nurmehr, wie er mit seinen nackten Füßen in der Luft herumstrampelt. Von irgendwoher nähern sich Schritte, der Hausmeister kommt auf ihn zu. Statt mit ihm zu reden, öffnet er bloß seine Jacke – und da sind lauter Uhren zu sehen. Merkwürdig, denkt er sich, so merkwürdig übrigens wie dieser Aufkleber, den der Hausmeister auf seiner Stirn kleben hat:

Er geht durch einen Flur, und da tragen alle Türen die Nummer 65. Desgleichen die Anzeige des Fahrstuhls: Er kann eintippen, was er will, die ❹ die ❼ die ❾ oder was immer, immerfort steht da bloß der 65. Stock. Trotzdem fährt der Fahrstuhl weiter aufwärts, und er fragt sich, wie ein Fahrstuhl zwischen ein- und demselben Stock aufsteigen kann. Ein, zwei Mal kommen Angestellte hinzu, nicken einander zu und tippen ihren Etagen-Wunsch ein, immer den 65. Stock. Wenn die Tür sich öffnet, liest er eine große 65 – obwohl er schwören könnte, dass sie längst im 100 sind. Als er in sein Büro kommt, lächelt die Sekretärin und sagt: Ach, herzlichen Glückwunsch zum 65. Und dann bricht das Inferno über ihn herein. Denn 65 Zwerge haben sich in seinem Büro aufgebaut (merkwürdigerweise sind sie durchnumeriert von 1 – 65) und singen, unter einem großen Banner (na, was steht da wohl drauf) Happy Birthday, Fünfundsechzig ...

Und dann wacht er auf. Nein, er wacht nicht eigentlich auf, sondern landet in einem anderen Traum. Ein Polizist sagt, er solle sich ausweisen, man habe ihn im Verdacht, einem chinesischen Schwarzbrennerring anzugehören, einer Triade... Als er empört sagt, er sei doch bitteschön kein Chinese – da fällt sein Blick in einen Spiegel...

– Sie sehen aber schlecht heute aus.

– *Ich habe geträumt.. Ach, ich kann Ihnen gar nicht sagen, wie ich geträumt habe....*

> Und er breitet seinen Pillencocktail aus, ein riesiges Sammelsurium mit endlos vielen Kästchen, roten Pillen, gelben, blauen, rotweißgestreiften ...

– Ohne die würde ich schon gar nicht mehr leben...

Haben Sie denn da noch den Überblick?

– Das ist mein täglich Brot, mein Lieber. Gelb für Serotonin, Orange für Cholesterin, Braun Osteoporose, Violett Placebo, Blau Prostata, Grün für den Zucker, für Niere Blase und Gallenstein Ultramarin, ... Rheuma: Rotweißgestreift — und dies Kästchen für Montag, dies für Dienstag...

– In gewisser Hinsicht passt dies gut zum heutigen Thema. – Beim letzten Mal haben wir über das Vergleichen gesprochen, heute werden wir über die anderen Möglichkeiten des WENN-DANN sprechen.

Die Frage *if* behandelt ja, wie der Münzwurf, nur einen einzigen Fall: Kopf oder Zahl, Wahr oder Falsch, TRUE oder FALSE.

Nun gibt es Fälle, die viel komplizierter sind, die, wie ihr Pillenkästchen, eine ganze Reihe, möglicherweise wachsende Zahl von Fällen behandeln sollen.

Dazu erzeugen wir eine kleine Pillenfütterungsmaschine

```
int pille;
```

```
int pillendose (int tag_des_monats)
{
// hier müssen wir den Mechanismus einbauen
return pille;
}
```

Der Mechanismus ist bekannt, ein Zahlenklotz, ein Name – und der Schlitz, der unsere Eingabe erwartet. Das ist, sinnvollerweise, ein Zahlenblock vom Typ *int*.

(Vielleicht noch, bevor wir es vergessen, eine Bemerkung zu diesem Klotz. *Int* kommt von *integer* – und das wiederum bedeutet, dass hier nur natürliche Zahlen dargestellt werden, also keine Zahlen, die ein Komma enthalten. Gebe ich eine 0.4 ein, rundet der Zahlenklotz auf 0 ab, gebe ich eine 0.6 ein, rundet er auf 1 auf) -

Gut. Kommen wir zum Innenleben des Apparates. Was wir bräuchten, ist ein Mechanismus, der, je nach Datum, die passende Pille ausspuckt.

Im Grunde könnten wir dies auch schon mit unserem if-Mechanismus bewerkstelligen. Wir müssten dazu lediglich, für jeden Tag des Monats, folgende Zeilen aufschreiben

```
if (tag_des_monats == 1)
   {
   pille = 1;   //oder welche Pille genommen werden soll
   }
   ....
```

```
if (tag_des_monats == 31)
   {
   pille = 217;
   }
```

Um sich dies ein wenig abzukürzen, hat man einen *switch,* das heißt: einen kleinen Schalter-Mechanismus ersonnen.

```
switch( tag_des_monats )
{
case 1:        // Hier wird gefragt, was der Fall ist
pille = 1;     // jetzt wird die Pille ausgewählt
break;

case 2:
pille = 17;
break;

//                hier die Fälle 3-30

case 31;
pille = 217;
break;

default:
cout << «Betrug! Diesen Tag gibt es nicht";
}

return pille;        // Pille wird ausgespuckt
```

Mit diesem Mechanismus haben wir das Innere unseres Automaten mit einem Sortiermechanismus versehen. (Und man kann sich eine Reihe ähnlicher Mechanismen vorstellen: Automaten etwa, die Briefe nach Postleitzahl sortieren, Relais, die Telefongespräche vermitteln usw.). Also macht der switch das, was früher das Fräulein vom Amt gemacht hat, und zwar dadurch, dass sie eine Telefonverbindung hergestellt hat, indem sie das Kabel in einen anderen Stecker hineingesteckt hat.

– Ha, was mir gefällt, ist der Betrugsmechanismus...

– Ja, das ist der Vorteil des switch, dass man hier – neben den möglichen Fällen – auch einen Normalfall, default, definiert, der dann in Kraft tritt, wenn der eingeworfene Gegenstand mit keinem Fall ausdrücklich übereinstimmt.

– Betrug!

Was wir gelernt haben...

- Nachdem wir den Wenn-Dann (**if-then**) Mechanismus kennengelernt haben, ist uns jetzt der **switch**-Mechanismus begegnet.

  ```
  switch(fall)
  {
  case 1:
  // hier steht, was passieren soll
  break;

  case 2:
  // hier steht, was passieren soll
  break;

  default:
  // hier steht, was passieren soll
  }
  ```

  Die Klammer hinter dem Schlüsselwort **switch** enthält die Variable, nach der unterschieden werden soll. Hier ist angenommen, dass es die existierende integer-Variable **fall** ist. Innerhalb der geschweiften Klammern wird abgefragt, welcher Fall vorliegt. Ist **fall** gleich 1, dann wird das nachfolgende Kommando ausgeführt. Der Compiler liest dann das Schlüsselwort **break**, das ihm dann signalisiert, dass er aus der switch-Klammer aussteigen soll.
  Für den Fall, dass die Größe der Variable durch keinen beschriebenen Fall abgedeckt ist, gibt es **default** (was soviel heißt wie Standard). Hätte **fall** also die Größe 777, würde das default-Kommando ausgeführt.

Lektion 10

Die Schrecken der Unendlichkeit

– Erinnern Sie sich: am Anfang, als wir über den Automaten sprachen, haben wir den Fall beschrieben, dass wir eine Funktion zu einer ewig tickenden Uhr machen können – einfach dadurch, dass die Funktion an ihrem Ende sich selbst wieder aufruft. Eine ähnliche Wirkung kann man aber auch auf die folgende Art und Weise bewerkstelligen.

Nehmen wir einmal an, wir wollten einen Langeweilerautomaten erzeugen. Dazu nehmen wir aus unserem Technik-Baukasten (wo wir schon den *Schalter* und den *Wenn-Dann*-Mechanismus gefunden haben) eine neue Apparatur, und sie heißt: **while**. Mit ihr können wir, wie mit den beiden anderen Maschinchen, das Innere eines Automaten bestücken.

Was würde wohl passieren, wenn ich folgendes schriebe?

```
while(1==1)
    {
    //hier die Anweisung, die der Automat ausführen soll
    }
```

– *So, wie Sie gesagt haben, ist das wohl eine Uhr, die ewig tickt. Aber was ist denn das für eine blödsinnige*

Formulierung im Innern der Klammer?

– Ich gebe zu: das ist nicht sehr intelligent. Wenn man das in die natürliche Sprache zurückübersetzt, lautet dieser Mechanismus

```
solange(eins gleich eins ist)
{
mache dies und das
}
```

Und weil eins immer gleich eins ist, haben wir damit einen schrecklichen Langeweiler, nämlich eine Endlosschleife erzeugt. Das Nicht-Aufhören-Wollen aber, wie die chinesische Wassertropfenfolter bezeugt, verwandelt sich schließlich zu einem nicht-enden-wollenden Schrecken – denn die einzige Chance, dieser Funktion zu entkommen, besteht darin, dass man dieser Maschine den Saft abdreht.

Ganz offenbar muss man sich für die Klammer, in der die Bedingung steht, etwas Intelligenteres einfallen lassen. Nehmen wir einmal an, wir hätten soetwas wie einen Rundenzähler, der darüber Buch führt, wenn ein Kreis durchlaufen ist. Und weil gesagt immer auch gleich getan ist, notieren wir diesen Gedanken:

```
int aufpasser = 0;  // beginnt mit 0, weil noch keine
                    // Runde durchlaufen ist
```

Jetzt, da dieser Aufpasser existiert, setzen wir ihn in das Innere der *while*-Apparatur und halten ihn an, dass er bei jeder Umrundung seinen Rundenzähler weiterklappt:

```
aufpasser ++;
```

Die Anweisung ++ bedeutet dabei soviel: zähle eins weiter, oder: addiere + 1. (Und das Gegenteil, logischerweise, lautet --)

Man hätte dies auch anders schreiben können, etwa:

```
aufpasser += 1;
```

oder

```
aufpasser = aufpasser + 1;
```

Aber im Grund ist dieses ++ doch das schönste Zeichen, so wie: *Umblättern!* oder *ein Schritt vor*.

```
while(1==1)
   {
   cout << aufpasser; // Anzeige der Runde
   aufpasser ++;      // rücke ein Feld vor
   }
```

Nun haben wir das Innere des Automaten erzeugt, müssen aber noch die Bedingung in der Klammer verändern. Sagen wir: der Automat soll 3 Runden durchlaufen, dann schreiben wir:

```
while (aufpasser < 3)      // das Zeichen < heißt:
                           // kleiner als
    {
    cout << aufpasser;
    aufpasser ++;
    cout << aufpasser;
    }
```

Und was wird passieren?
In der ersten Runde liest man auf dem Bildschirm eine 0, der Aufpasser schlägt seine Tafel um und zeigt die näch-

ste Runde an:

In der zweiten Runde liest man auf dem Bildschirm eine 1, der Aufpasser schlägt seine Tafel um und zeigt die nächste Runde an:

In der dritten Runde liest man auf dem Bildschirm eine 2, der Aufpasser schlägt seine Tafel ein drittes Mal um und zeigt die nächste Runde an:

Und jetzt kommt der Augenblick der Entscheidung. Der Aufpasser kommt mit seinem Kärtchen No **3** wieder an die Startposition. Dort wird abgefragt, ob 3 kleiner als 3 ist. Antwort: Nein. Und damit ist Friede, Freude, Eierkuchen – und wir sind der Pein einer endlosen Wiederholung entronnen.

Ach, das klingt so simpel, dass man schon gar nicht mehr bemerkt, wie intelligent dieser Mechanismus eigentlich ist. Wäre dieser kleine Mechanismus nämlich eine Uhr, so würde sie selbst nach der Zeit fragen – und dann, wenn es soweit ist, sich einfach ausschalten. Wo früher die Schwerkraft saß und die Uhr auf Trab hielt (wobei sie natürlich niemals hätte sagen können, was und wem die Stunde schlägt), sitzt heute ein klitzekleiner Aufpasser, der weiß, welche Stunde (oder Runde) es geschlagen hat.

– Und das soll das ganze Geheimnis sein? Eins rauf und eins runtergezählt... Und dann bauen Roboter Autos oder andere Roboter zusammen, und Dinge bewegen sich wie von Geisterhand und bleiben vor einem Hindernis stehen...

– Ja, im Grund geht all dies auf diesen Mechanismus zurück. Immer, wenn eine bestimmte Bedingung erfüllt ist, beginnt die Apparatur zu surren, wenn sie nicht mehr erfüllt ist, hört sie auf. Dabei ist das Zählen der Runden gar keine Notwendigkeit. Z.B. könnte man sich eine Schönwetterapparatur vorstellen, die solange tätig ist, solange diese Bedingung erfüllt ist.

```
while(schoenwetter == TRUE)
```

Tatsächlich ist dies die Hauptverwendung dieser Apparatur, denn für das Rundenzählen gibt es noch eine einfachere Maschine (und viel mehr brauchen wir auch nicht mehr). Sie sieht folgendermaßen aus:

```
for (int i = 0; i < 100; i++)
    {
    // und hier kommt der Befehl
    }
```

```
for
```

das heißt soviel wie: »*im Falle dass*«. Wenn wir uns nun die Bedingung anschauen, die im Innern der Klammer steht, sehen wir, dass hier in einer einzigen Zeile verzeichnet steht, was wir zuvor mit unseren *aufpasser* realisiert haben.

```
int i = 0;
```

das heißt: Es gibt einen Zahlenklotz, der mit der Größe 0

startet. Mit diesem Zahlenklotz wird, wenn man es streng nimmt, also ein Aufpasser erzeugt.

```
i < 100;
```
das ist die eigentliche Bedingung und besagt, dass die Apparatur solange läuft, solange unser Aufpasser kleiner als 100 ist.

```
i ++
```
Wenn die Apparatur am Ende eines Durchlaufs angelangt ist, wird i um einen Zähler hochgezählt.

Lassen Sie uns noch einmal rekapitulieren...

– Nein, bitte nicht! Oder ein andermal. Mein Kopf dreht sich so fürchterlich! Sagen Sie mir lieber: Müssen wir noch lange so weitermachen. Gibt es irgendetwas, das ich noch nicht weiß?

– Ach, wenn Sie das geschluckt haben, was wir bereits besprochen haben, wird alles nur noch einfacher. Ja, vielleicht ist dieser Teil sogar der Wichtigste, denn er macht klar, was einen Computer von einer Uhr unterscheidet. Wenn wir sagen, dass etwas »mechanisch« ist, sagen wir, dass dieser Mechanismus von einer natürlichen Kraft, der Schwerkraft, angetrieben wird, oder aber von einer künstlich erzeugten Kraft, einem Motor (der die Schwerkraft ersetzt). Wenn wir hingegen sagen, dass etwas »digital« ist, dann meinen wir, dass der Mechanismus von einem Zeichen angetrieben wird. So besehen ist unser Aufpasser Motor, Brennstoff und Geisterfahrer in einem ...

– Warum Geisterfahrer? Wenn er so intelligent fährt wie ein Fahrer...

– Mag sein, dass all dies intelligent aussieht. Tatsächlich könnte ich mir einen Mechanismus vorstellen, der unendlich kompliziert ist: eben nicht nur eine Apparatur, sondern Tausende davon – und jede Schleife hätte einen eigenen Aufpasser und würde nur dann tätig, wenn die Bedingung, für die er gemacht worden ist, erfüllt ist. Also: dieser Roboter isst nur, wenn er Hunger hat. Er schaltet das Licht nur dann an, wenn es dunkel ist. Er streckt seine Roboterhand nach dem Türgriff aus, wenn dieser in der Nähe ist. Aber wie kunstvoll dieser Apparat auch ersonnen ist und wie intelligent er dreinschauen kann, er ist und bleibt ein Idiot, einfach deswegen, weil er, wenn denn einmal ein Fehler in einer Schleife aufgetreten ist, nicht von selbst wieder herausfindet ...

Nehmen wir einmal folgenden Fall an. Unser Aufpasser soll ein Autorennen beobachten und am Ende, nach 35 Runden, abbrechen. Wir hätten also eine Formulierung, wie wir sie am Anfang gehabt haben:

```
while (aufpasser < 35)
```

Was aber passiert, wenn sämtliche Autos bis zum Ziel ausfallen – also kein einziges Auto ans Ziel kommen würde? Nun, in der Wirklichkeit würde ein solcher Fall gar nicht zum Problem werden, da der Streckenposten eben nicht nur seine eigene Aufgabe, sondern auch seine Umgebung im Blick hat. Und da hätte er den Totalausfall aller Rennteilnehmer schon binnen kurzem mitbekommen. Nehmen wir einmal an, dass unser Streckenposten ganz allein, also auf *verlorenem Posten* dasteht. – Nun, nach einer gewissen Zeit, während derer kein Auto mehr vorbeikommt, würde er sich wohl sagen, dass irgendetwas passiert sein müsse. Vielleicht würde ihn das Pflichtgefühl noch eine Zeitlang auf seinem Posten festhalten, aber irgendwann, spätestens wenn er Hunger bekommt, würde er sich auf den Weg machen... Was aber macht unser digitaler Aufpasser. Er würde, sklavenartig seiner Aufgabe ergeben, in seiner Klammer hocken bleiben und nie, nie wieder einen Weg hinausfinden...

Was wir gelernt haben...

- Das war eine wichtige Lektion, denn wir haben zwei verschiedene und sehr wichtige Schleifentypen kennengelernt: die **while** und die **for**-Schleife, die beide immer wieder Verwendung finden.

- Mit der while-Schleife kann man einen unendlichen Prozess beginnen. Solange eine bestimmte Bedingung erfüllt ist, tut das Programm seine Arbeit. Dieser Schleifentyp hat freilich auch seine Tücken, denn er kann, wenn man ihn nicht sorgfältig programmiert, in eine Endlosschleife einmünden, aus der man nur mit roher Gewalt (Abbruch des Programm im Task-Manager) wieder herauskommt.
Dennoch kann die **while**-Schleife viele nützliche Dinge tun. Wird sie beispielsweise verwendet, solange eine Variable nicht einen bestimmten Wert annimmt (der von der Tastatureingabe abhängig ist), so ist sie überaus tauglich.

```
char ch;

while (ch != 'x')   // solange ch ungleich 'x' ist
{
if (kbhit() )       // wenn Taste gedrückt wird
    {
    ch=getch(); // Buchstabe wird eingelesen
    }
// mache dies und das
}
```

In diesem Fall wäre **ch** eine **char**-Variable. **kbhit** ist eine Funktion, die die Tastatureingabe überwacht. Wird eine Taste gedrückt, bekommt **ch** den aktuellen Tastenwert zugewiesen. **getch** ist wie **kbhit** eine Bibliotheksfunktion (aus **conio.h**)- und sie wiederum nimmt den Buchstaben der Tastatur entgegen und weist ihn einer **char**-Variablen zu.

○ Der zweite Schleifentyp ist einfacher zu kontrollieren - und besonders für Schleifen geeignet, bei denen die Anzahl der Durchläufe von vorneherein feststeht. Hier braucht man keine bereits definierte Variable, sondern erledigt es im Funktionskopf der Schleife.

```
for (int i = 0; i < 100; i++)
   {
   }
```

Man kann ebensogut herunterzählen.

```
for (int i = 100; i > 0; i--)
   {
   }
```

○ Es gibt noch eine dritte Schleifenart, die wir noch nicht erwähnt haben, die sog. **do-while**-Schleife.
Sie hat die Form:

```
do
  {
  // mache dies und das
  } while(Bedingung);
```

Diese Schleife ähnelt der **while**-Schleife, unterscheidet sich aber insofern, als sie erst am Ende des Durchlaufs abfragt, ob die Bedingung erfüllt ist. Das führt dazu, dass die Anweisung zumindest einmal ausgeführt wird, selbst dann wenn die Bedingung nicht gegeben ist, z.B. wenn man schreibt **while (1 == 2)**, was ja nie wahr sein kann.

Lektion 11

Györgi in Reih und Glied

Es ist wirklich merkwürdig, aber seit Tagen schon kann er nicht mehr richtig schlafen. Vielleicht, nein, ganz bestimmt sind es diese schrecklichen Dinge, die in seinen akkuraten, penibel geordneten Geist eindringen, die ihm den Schlaf rauben: **ints** und **chars** und **bits** und **bytes**. Und wie soll es einen denn nicht verrückt machen, dass die Dinge nicht mehr sind, was sie sein sollen, sondern etwas anderes? So träumt er von einem Monster, das sich eine Maske vom Gesicht reißt, aber nach einer Weile bemerkt man: auch dieses Gesicht ist nicht das wahre Gesicht, sondern wiederum nur eine Maske – und dahinter wird noch eine andere sein. Irgendwie scheinen die Dinge an einer Art Wachstums- oder Vervielfältigungskrankheit zu leiden. Seine Mutter zum Beispiel (warum träumt er eigentlich immerfort von seiner Mutter?). Nun, sie geht durch die Wohnung, streicht mit den Fingern, den langen rotlackierten Fingernägeln sachte über die Möbel hinweg und summt ein paar Koloraturen aus La Traviata dazu, und auf dem Sofa sitzt die Gulaschkanone. Naja, es ist nicht wirklich eine *Gulaschkanone*, sondern ein Mann im Oberförsterlook (der nur deswegen an eine Gulaschkanone erinnert, weil er Ungar ist und einen gänzlich unaussprechlichen Namen trägt so wie Györgi Szabopusztadingsbums oder so ähnlich). Es ist nicht gerade sonderbar, dass Györgi, die Gulaschkanone, auf dem Sofa sitzt, denn heute ist Mittwoch und Mittwochs sitzt er immer da, zwischen 3 und 5, kurz bevor Papa nach

Haus kommt, übellaunig wie immer. Was jedoch sonderbar ist: Györgi sitzt auf dem Sofa und darunter. Der untere Györgi hat sich den rechten Schuh ausgezogen und den Socken dazu und schabt mit einem kleinen Messerchen an der Hornhaut seiner Hacke herum. Seine Mutter und der obere Györgi aber stören sich nicht im mindesten daran. Sie turteln und summen und lassen die Miniaturkaffeetassen klirren, die Mama so liebt – und dann sagt Mama, Györgi, setzen Sie sich doch ans Klavier, aber da sitzt bereits – das ist ihm gar nicht aufgefallen bislang – eine dritte Györgi-Inkarnation, und der haut in die Tasten und tritt aufs Pedal, dass der ganze Fußboden vibriert wie sein Oberlippenbärtchen, und Mama sagt: Ach! Wie schön, und der erste Györgi untersucht ihr Knie (oder vielleicht die Hacke des unteren Györgi) und Mama sagte: »Aber nicht doch. Györgi!« Und er läuft zu Mama und sagt: »Mama, ich habe Durst, ich hätte gern ein Glas Milch!«, aber Mama kümmert sich gar nicht darum. Stattdessen ertönt ein gellendes Gelächter vom Schrank herab und da sitzt ein vierter Györgi und hält sich den Bauch, weil es ihn schüttelt vor Lachen. Wo immer er sich hinwendet, überall schaut ein Györgi hervor. Von jedem geht ein undefinierbarer Geruch von Rasierwasser und Zigarettenrauch aus – und unser Dickerchen läuft schreiend davon und verkriecht sich in der dunkelsten Ecke seines Kinderzimmers und heult und heult. Bis er in der Dunkelheit ein Augenpaar sieht. Es beugt sich vor und riecht den Duft von arabischen Zigaretten -

– Machen Sie sich nichts daraus. Heute lernen wir, wie wir Ihren Györgi in Reih und Glied aufstellen können –

– *Woher kennen Sie diesen Namen?*

– Das habe ich gelesen. Györgi, die Gulaschkanone... Steht doch da, oder?

– *Ja. Nein...*

– Das muss uns aber nicht weiter bekümmern. Das einzige, was uns interessiert, ist, wie man eine Kiste, in der alles wild durcheinanderwuselt, in Ordnung bringen kann, so dass am Ende alles in Reih und Glied nebeneinander aufgereiht steht. Nicht wahr, Sie haben noch unsere Kästchen vor Augen, das Buchstabenkästchen zum Beispiel.

char ▢ ■ ▢ ▢ ▢ ■ ■ ▢ = F
    128 64 32 16 8 4 2 1

Das macht doch einen wunderbar aufgeräumten Eindruck, oder? Warum also sollte man diese Ordnung nicht auch auf größere Einheiten übertragen können? Im Falle des Buchstabenkästchens ist das ja geradezu zwingend, denn schließlich besteht unsere Sprache nicht aus einzelnen Buchstaben, sondern aus Wörtern. Das Wort »Herz« etwa ist im Computer folgendermaßen abgespeichert.

char ▢ ■ ▢ ▢ ■ ▢ ▢ ▢ = H
    128 64 32 16 8 4 2 1

char ▢ ■ ■ ▢ ▢ ■ ▢ ■ = E
    128 64 32 16 8 4 2 1

char ▢ ■ ■ ■ ▢ ■ ▢ ▢ = R
    128 64 32 16 8 4 2 1

char ▢ ■ ■ ■ ▢ ▢ ▢ ▢ = Z

Wie füge ich nun mehrere Klötze zu einem Zusammenhang, einem Wort zusammen? Die simpelste Lösung ist gewiss: dass ich mir merke, dass die Buchstaben »H«, »e«, »r«, »z« einen Zusammenhang bilden. Freilich: kommen ein paar Elemente hinzu und verrutscht mir die Reihenfolge ein wenig, werde ich Schwierigkeiten haben, den Zusammenhang wieder herzustellen. In diesem Sinn ist die beste Lösung, dass ich die Elemente durchnumeriere. Was also meine 4 Buchstabenklötze anbelangt, so muss ich sie zu einem neuen Vierer zusammensetzen. Aber was ist das für ein Vierer? Gibt es einen eigenen Baustein dafür? Nein. Das einzige, was ich tun muss, ist, zu sagen, wieviele Buchstaben mein Wort hat, also:

```
char meineLiebe[4];
meineLiebe = »Herz«;
```

Auf diese Weise habe ich 4 einzelne Buchstabenklötze zu einem Wort zusammengefasst.

char meineLiebe[4]

▫■▫▫■▫▫▫	▫■■▫▫■▫■	▫■■■▫■▫▫	▫■■■▫▫▫▫
[0] = "H"	[1] = "e"	[2] = "r"	[3] = "z"

Der Vierer ist also kein eigener Klotz, sondern soetwas wie ein unsichtbares Band, das sich um meine Einzelblöcke schnürt. Gleichwohl kann ich jedes einzelne Element herausgreifen und verändern. Will ich zum Beispiel bloß den vierten Buchstaben verändern (um aus meinem *Herz* einen *Herd* zu machen), so kann ich dieses vierte Element auch allein ansprechen. Ich schreibe also:

```
MeineLiebe[3] = »d«;
```

Warum steht hier eine 3? Weil die erste Nummer dieses Vierers nicht 1, sondern 0 beträgt.

All meine Bauklötze kann ich auf diese Weise zu Paketen, und wenn ich will: zu Paketen beliebigen Ausmaßes zusammenschnüren. Gewiss, ein Wort mit 365 Buchstaben macht nicht viel Sinn, aber wenn ich sage:

```
int jahrestag[365];
```

hätte ich soetwas wie einen Kalender erzeugt.

Ob ich nun [4], [365] oder [9999] schreibe, das Prinzip ist immer dasselbe. Mit einem Schlag werden soundsoviele Bauklötzchen in Reih und Glied aufgestellt, werden (der Traum eines jeden Generals) ganze Armeen auf diese Art und Weise mobilisiert. Dabei müssen die Armeen nicht einmal mit einer bestimmten Gestalt versehen sein. Erinnern wir uns. Wenn ich einen Zahlenklotz erzeuge, ohne ihm eine bestimmte Gestalt zu geben, bekommt er als Anfangswert eine »0« zugewiesen. Schreibe ich nun

```
int MeinZinnsoldat[9999];
```

habe ich 9999 Nullen nebeneinander aufgereiht. Nehmen wir an, ich säße vor Ihrem Dilemma, dass ich meine 9999 Györgis –

– Das sind nicht meine Györgis, sondern die meiner Mutter, und außerdem sind es nicht 9999 —

– dass ich also die ganzen Györgis, die in der Wohnung, über und unter dem Sofa, herumlungern, voneinander unterscheiden möchte, so könnte ich zu folgendem Mechanismus schreiten (wir kennen ihn schon):

```
for (int i = 0; i < 9999; i ++)
{
meinZinnsoldat[i] = i;
}
```

Also: wir haben jemand in der Registratur, der den Zinnsoldaten Erkennungsmarken verabreicht. Es gibt 9999 solcher Identifikationsmarken – hier heißen sie i.

Wie lautet die erste Anweisung?

MeinZinnsoldat[i] soll vortreten. Nun – hier steht zwar i, aber weil i jetzt den Wert 0 hat, bezieht sich diese Anweisung auf MeinZinnsoldat[0]. – Und brav tritt er vor und bekommt seine Marke ausgehändigt, das ist eine 0. Abtreten!

Jetzt ist das Ende der ersten Runde erreicht. Die nächste Marke (i ++ , also die 1) wird vom Stapel genommen. Jetzt wird Zinnsoldat[1] aufgerufen – denn i steht ja mittlerweile auf 1 – und bekommt seinerseits die 1 ausgehändigt.

Und so geht es immer weiter – bis wir zum letzten Györgi gekommen sind. Jetzt stehen alle Györgis nacheinander im Speicher aufgereiht.

Wieviel Platz diese Armee benötigt, lässt sich ganz einfach ausrechnen. Weil mein *int* Baustein nicht, wie der Buchstabenklotz *char*, eine Länge von 8 Kästchen (8 bits = 1 byte), sondern von 16 Kästchen hat, würde diese Armee aus 9999 Bausteinen à 16 Kästchen (bits) bestehen (= 2 bytes), oder in byte umgerechnet 9999 * 2 byte = 19.998 bytes. Hätten wir nur *lange Kerls*, also vom Bauklotz *long* genommen, der gleich 32 Kästchen für sich beansprucht, wäre diese Reihe 32 * 9999 bits lang, in byte umgerechnet wiederum: 9999 * 4 byte = 39996 byte, also gut 39 KiloByte. 1000 Armeen dieser Größe wären etwa 39 MB , 1.000.000 Armeen dieser Größe 39 GigaByte ... undsoweiterundsofort ...

Wenn wir unsere Registrierungsmaschine anschauen, lassen sich sehr viel interessantere Dinge vorstellen als bloß das einfache Durchnumerieren. Nähmen wir beispielsweise ein Wörterbuch zur Hand, könnte jeder Zinnsoldat sein eigenes Passwort bekommen.

```
int passwort[9999];
```

Nehmen wir aus Einfachheitsgründen einmal an, dass

diese Passwörter – eine vierstellige Zahl beispielsweise, schon in der Liste stehen. Jetzt geht es also darum, den Zinnsoldaten das dazugehörige Passwort zuzuweisen.

```
for (int i = 0; i < 9999; i ++)
{
meinZinnsoldat[i] = passwort[i];
}
```

Jede Reihe kann nach Belieben mit einer anderen Liste verknüpft werden. Und ebenso, wie ich nach Belieben riesenhafte Buchstaben und Zahlen-Armeen erzeuge, kann ich riesenhafte Datenbestände nach bestimmten Merkmalen durchsuchen – etwa, ob sie Primzahlen sind oder eine bestimmte Buchstabenkombination enthalten.

Was wir gelernt haben...

- In den ersten Lektionen haben wir den Datentyp **char** kennengelernt, der Buchstaben darstellen kann. Nun bestehen Wörter nicht aus Buchstaben, sondern aus Buchstabenkombinationen. Folglich muss es einen Mechanismus geben, mit dem sich solche Einheiten abbilden lassen. Diese Einheit nennt man in den Programmiersprachen ein **Array** (was so viel heißt wie ›Liste‹). Will man etwa ein Wort mit vier Buchstaben darstellen, so tut man dies, indem man eine Liste von vier aufeinanderfolgenden **char**-Datentypen bildet, etwa so:

  ```
  char wort[4];
  ```

- Nun kann man mit Arrays nicht bloß Buchstaben zu größeren Einheiten (Wörtern) zusammenzufügen, sondern jeden erdenklichen, auch selbstdefinierten Datentyp. Das heißt: jedes Objekt lässt sich nach Belieben vervielfältigen und in Form einer Kolonne aufstellen (wie eine Armee).

- Diese Kolonnen lassen sich insbesondere mit der **for-Schleife** besonders gut verwalten. Warum?
  Ein Array wird bei der Definition mit einer bestimmten Länge versehen, die in die eckigen Klammern [ ] nach dem Array-Namen geschrieben wird. [4] heißt demzufolge: das Array besteht aus vier Elementen.

- Wichtig! Das erste Element eines Array trägt immer die Index-Nr. 0. Hat das Array vier Elemente, so kann man sie über die Nummern 0 .. 1 .. 2 .. 3 ansprechen.

Lektion 12

Verpackungskünstler

– Wie bekommt man 11 Elefanten in einen VW? Oder 9999? Ganz einfach. Ich setze einen Elefanten hinein und verschachtele die anderen 9998 ineinander, so dass man gar nicht mehr merkt, dass hier nicht ein, sondern 9999 Elefanten am Steuer sitzen.

Genau dies das Prinzip der Liste (oder des *Arrays*, wie der Fachausdruck) heißt.

Die Verwendung dieser Liste entspricht dem *Ein-Finger-Adler-Such-System*. Über der Liste schwebt gleichsam ein Argusauge, das sich das jeweilige Element herauspickt.

– *Wenn Sie mich fragen: mir kommt das eher vor wie ein Fließband, und da steht jemand davor und soll die Dinge herauspicken, die nicht der Norm entsprechen.*

– Ja, jetzt wo Sie's sagen... Das stimmt. Tatsächlich muss sich die Person ja selber gar nicht bewegen, denn wenn man eine solche Funktion nimmt, wie wir sie benutzt haben, bewegt sich die Liste wie ein Fließband an einem vorbei. Allerdings weiß ich nicht, ob mir das Bild noch immer so einleuchtet, wenn ich es auf doppelte und dreifach verschachtelte Listen anwende... So ist es durchaus möglich, dass ich schreibe:

```
int doppel_liste[5][7];
```

Das wäre dann eine Reihe von 5 russischen Puppen, in denen jeweils 7 andere Puppen stecken. Aber diese Puppen könnten ihrerseits wieder soundsoviele Puppen enthalten

```
int dreifach_liste[5][7][13];
```

Sie wollen mich wahnsinnig machen!

Ach nein, eigentlich – eigentlich wollte ich heute demonstrieren, wie leicht es ist, komplizierte Dinge so zusammenzupacken, dass man gar nicht mehr merkt, *wie* kompliziert ein solches Ding ist. Im Gegenteil: man hat eher das Gefühl, dass es einfach ist – und merkt erst mit der Zeit, dass es zwar einfach, aber vor allem: einfach kompliziert ist.

– Sie wollen einfach nicht aufhören! Diese elende Wortklauberei ...

– Gut, gebe ich ihnen ein Beispiel zur Güte. Nehmen wir einmal an, wir haben einen riesigen Kasten mit lauter unterschiedlichen Steinen. Wenn sie alle gleichartig wären und sortiert, so könnte ich sie zu solchen Listen (oder Arrays) zusammenfassen, aber hier alles liegt kunterdibunter durcheinander. Was tun? Ich mach's wie meine Oma. Ich packe den ganzen Krempel – und schiebe ihn unter den Teppich. Oder schaufele ihn in einen großen Karton. Tatsächlich ist es ja so, dass wir uns schwer daran erinnern können, wo ein Gegenstand genau liegt, aber wir haben einen überaus scharfen Sinn dafür, wo *ungefähr* sich etwas befindet. Und dann sage ich: irgendwo in dieser Schublade. Oder in diesem großen Karton. Oder in diesem Buch, ganz unten rechts, in der vorletzten Zeile.

– *Und jetzt werden Sie mir den Wahlspruch Ihrer Großmutter sagen...*

– Woher wissen Sie das? Naja, wahrscheinlich hatten Sie auch eine Großmutter. Also, der Spruch lautet natürlich nicht: »Ordnung ist das halbe Leben«, sondern bezieht sich eher auf die bessere Hälfte: »Wer Ordnung hält, ist nur zu faul zum Suchen«.

– *Das hat Ihre Großmutter gesagt? Das klingt eher wie des Teufels Großmutter, wenn Sie mich fragen...*

– Worauf es ankommt, ist, dass es nicht besonders sinnvoll ist, Erbsen zu zählen, wenn man einen Topf für sie hat. Und einen Deckel. Und der heißt in der Sprache, die wir hier sprechen, **struct**... Oder **union**. Oder **class**. Aber im Grunde meint all dies dasselbe: Eintopf.

– *Also im Vergleich zu Ihnen scheint mir Ihre Großmut-*

ter eine überaus sortierte Person...

– Na gut. Ich versuch's noch einmal. Der Trick besteht darin, dass ich die Dinge, die ich mir merken möchte, in eine Geschichte packe, die zwischen zwei Buchdeckel passt.

struct {!}

Wenn ich mich an eine Geschichte erinnere (und wie es der Hauptfigur in einem Augenblick ergangen ist), kann es möglich sein, dass ich plötzlich alle Details einer Szene vor mir sehe, während ich, wenn man mir alle Einzelheiten der Szene lieferte, niemals auf die Geschichte käme –

– *Zuerst kommt der Wald, dann die Bäume...*

– Ja, genau. Und damit es mir nicht so ergeht, dass ich den Wald vor lauter Bäumen nicht sehe, behaupte ich einfach, dass es ihn gibt.

```
struct zauberwald
{
int baum[1000];
};
```

– *Soll das heißen, dass jeder Wald nur 1000 Bäume hat? Und wenn mein Wald aus 1013 Bäumen besteht?*

– Genau das ist der Grund, dass ich von einer Geschichte gesprochen habe. Der Wald nämlich ist grundsätzlich eine Erfindung, so wie eine Stadt eine Erfindung ist. Das sieht man immer dann ganz deutlich, wenn man an den Rand einer Stadt oder eines Waldes geht. Da sind die Bäume dünner gesät und die Häuser stehen vereinzelt da, so dass man eher von einem Dorf sprechen würde... Es ist fast unmöglich zu sagen: genau hier beginnt der Wald und genau hier beginnt die Stadt.

– *Gut gut, wollen wir mal nicht spitzfindig sein. Wie geht's weiter im Text?*

– Gesagt getan.

```
zauberwald dumdideldum;
```

– *Klingt ziemlich lächerlich...*

– Fällt Ihnen denn nichts auf?

– *Ja, ich werde einfach das Gefühl nicht los, dass Sie sich über mich lustig machen wollen ...*

– Vergleichen Sie diese kurze Zeile doch einmal mit der Art, wie wir bisher etwas aus dem Nichts erzeugt haben. Die Regel war doch immer: zuerst kommt der Baustein – dann kommt der Name des Bausteins. Etwa so:

```
int baustein;
```

Und wie man jetzt sehen kann, haben wir plötzlich einen neuen Baustein im Spiel, nämlich: zauberwald. Und damit das sinnfällig wird, habe ich diese etwas märchenhafte Bezeichnung gewählt:

```
zauberwald dumdideldum;
```

Damit kommen wir wirklich zu einem Zaubertrick. Denn über das Zauberwort *struct* (das für *Struktur* steht*)* können Sie neue Bauklötze erzeugen. Nun ist dieses Wort gar nicht schlecht gewählt. Das lateinische *structor* bedeutet: »Maurer«. Und genau das tun Sie, wenn sie eine neue Struktur erzeugen. Sie mauern sich Grundbausteine zu einem neuen Grundbaustein zusammen, den Sie dann benutzen können wie ihre Zahlen-, Buchstaben- und Speicherklötze.

– Und mit einem solchen, neuen Grundbaustein kann ich das gleiche machen, was ich bislang mit den anderen Grundbausteinen gemacht habe, sie in Reih und Glied anordnen etwa?

– Nichts einfacher als das:

```
zauberwald sherwood_forest[1001];   // sherwood_forest,
                                    // 1 Wort!
```

– Und jetzt habe ich 1001 Wälder? Und jeder Wald hat wiederum tausend Bäume?

– Ganz genau. – Nun finde ich, dass ein Wald, in dem es lediglich Bäume gibt, ein ziemlich eintöniger Ort ist – ganz abgesehen einmal davon, dass unsere 1000 Bäume alle die gleiche Größe, nämlich 0, haben. Also füge ich noch ein paar Büsche hinzu und ein paar Tiere:

```
struct zauberwald
{
int baum[1000];
int buesche[200];

int hase[39];
int reh[20];
int wildschwein[5];
};
```

– Aber jetzt haben Sie nicht unsere Sherwood Forests verändert, sondern den Zauberwald!

– Ja, aber jetzt enthält jeder Sherwood Forest seinerseits nicht nur Bäume, sondern auch Büsche, Hasen, Rehe und Wildschweine. – Vielleicht lohnt es sich, an dieser Stelle kurz innezuhalten. Erinnern Sie sich: Am Anfang habe ich gesagt, dass die Grundbausteine der Sprache so hoch gehängt sind, dass man immer nur eine Kopie, nicht aber das Original in die Hand bekommt. Das aber hat sich mit dem Zauberwort **struct** grundlegend geändert, denn mit diesem Wort können wir nun unsere Originalbausteine in die Welt entlassen. Man könnte denken, dies sei ein Widerspruch, aber schaut man genau hin, erkennt man, dass das, was hier erzeugt wird, ja nichts als eine Folge zusammengemauerter Grundbausteine darstellt.

Wie sähe zum Beispiel unser Sherwood Forest im Speicher aus?

struct zauberwald

int baum[1000]; int buesche[199]; int hase[39] etc.

☐ ☐ ☐ ☐ ☐   ☐ ☐ ☐ ☐ ☐   ☐ ☐ ☐ ☐

0...............1000   1001...............1200   1201...........1240

Im Grunde besagt also das Zauberwort **struct** nichts anders als: füge die Grundbausteine zu einer Gruppe zusammen.

Insofern bleibt alles beim Alten. Und doch ist alles anders und neu. Haben wir bislang, wenn wir Gott gespielt haben, immer bloß vorgefundene Bausteine benutzt und – über den Akt der Namensgebung – Einzelwesen erzeugt (und sei's auch, dass wir sie, wie Györgi auf und unter dem Sofa, zu ganzen Armeen formiert haben) erzeugen wir jetzt wirklich etwas Neues: nämlich das, was die Biologen eine Art nennen. Wir werden sozusagen als Genetiker tätig.

Und wenn man uns schon eine solche schöpferische Freiheit gestattet, werden wir ein Wesen erzeugen, das es definitiv noch nicht gibt. Eine Lottofee auf einem Einhorn, das wäre doch hübsch. Oder ein verbeamteter Alien kurz vor dem Frühruhestand – warten Sie, das muss ich mir aufschreiben:

> Lottofee auf dem Einhorn
> Alien vor dem Frühruhestand
> Ninjakämpfer mit Hasenfuß
> Oberbiss mit Bundesverdienstkreuz

– *Hören Sie auf! Das ist ja entsetzlich!*

– So, finden Sie? Ich dachte, das wäre nett. So ein schlapper, kurzatmiger Alien in seinem Büro, wie er da sitzt, hinter ihm die Postkartenurlaubsgrüße an der Pinnwand, Erwin aus Bad Vilbel und ein Foto der Alienkollegen, Kegelurlaub auf Sylt, allesamt freundliche Sesselfurzer wie er –

– *Jetzt reicht's aber wirklich!*

– Gut, Sie sind der Boss. Sie entscheiden...

> Der Programmierergott schlägt beleidigt die Beine übereinander und schaut ganz besonders gelangweilt drein. Stille. Unsere Nummer Eins macht ein Gesicht, als läge ihm das entscheidende Wort auf der Zunge, dann legt er die beiden Hände gegeneinander, dass die Fingerspitzen einander berühren – und man denkt: jetzt. Aber dann nimmt er sich doch bloß die Brille ab. Putzt sie. Räuspert sich. Setzt sie wieder auf die Nase. Entdeckt, dass noch immer eine Schliere die klare Sicht behindert – und setzt den Putzvorgang fort.
>
> Immer noch Stille.
>
> Unser Programmierergott lässt seine Fußspitze auf- und abwippen. Zum ersten Mal hört man, dass im Zimmer eine Uhr tickt.
>
> Und dann ist es mit der Stille vorbei, entsteht, was die Schriftsteller wohl meinen, wenn sie von einem »gespannten Schweigen« sprechen...

– *Ähemmm.....*

Ach, mein lieber Leser. Wir können uns schon ausmalen, dass das keine gute Wendung nehmen kann – wie überhaupt das Vorhaben, sich mal eben so was ganz Neues auszudenken, notwendigerweise zum Scheitern verdammt ist oder dazu, dass ich mich frage: Wie verkleide ich einen Beamten kurz vor dem Vorruhestand, dass er wie ein Alien aussieht? Nun ja, meine Antwort wäre die: ich verkleide ihn gar nicht, denn so wie er aussieht, ist er mir schon Alien genug, aber das ist zweifellos keine mehrheitstaugliche Meinung. – Aber weil ich der Autor dieser Geschichte bin, bekümmere ich mich jetzt nicht weiter um die Mehrheit (soll sie doch weiterhin schweigen), ich bekümmere mich auch nicht um Holodecks, Gehirnimplantate und Köpfe, aus denen Antennen oder Chips hervorwuchern, sondern träufele unserem Boss mal eine kleine Eingebung ein.

– *Ein Haus. Ich würde sagen, wir nehmen ein Haus. Wenn »structor« der Maurer ist, dann mauern wir uns eben ein Haus zusammen.*

– Ja, das ist gut. Dann können wir es anschließend auch in unseren Zauberwald hineinstellen.

```
struct Haus
{
int zimmer;
int tueren;
int fenster;
};
```

Was haben wir hier notiert? Einen Grundbaustein, ein Original. Nun ist eine *Art* Haus ja noch nicht das Haus als solches – und wenn wir es bildlich nähmen, würde sich dieser Grundbaustein »Haus« sogleich zu den anderen Leuchtkörpern gesellen, die dort in der Luft herumschweben. Im Grunde wird dies sogleich plausibel, wenn wir uns einmal anschauen, wie das Innere des Hauses beschaffen ist. Da stehen zwar Zimmer, Türen und Fenster parat – aber der Grundbaustein *int* ist leer, also = 0.

Wenn man so will: haben wir mit dieser Beschreibung das Haus lediglich geplant (und als Blaupause bereitgestellt), wir müssen es aber noch bauen. Aber das ist schnell bewerkstelligt.

```
Haus MeinTraumhaus;
```

Nun gibt es »MeinTraumhaus«, aber es ist noch immer bloß ein Grundstück, ohne Zimmer, Türen und Fenster. Wie kann ich das ändern?

```
MeinTraumshaus.zimmer    = 5;
MeinTraumshaus.tueren    = 8;
MeinTraumshaus.fenster   = 15;
```

Erinnern wir uns: Unsere *Art* Haus, also dieses imaginäre Hausmodell, das wir uns zurechtgezimmert haben, enthielt drei Elemente, drei Zahlenklötze vom Typ *int*. Und weil der Plan dies so vorsieht, bekommt auch *MeinTraumhaus* diese Elemente mitgeliefert. Um eins dieser Elemente anzusprechen, schreibe ich einfach den Namen der Struktur, dann mache ich einen Punkt und schreibe den Namen des Grundbausteins.

```
MeinTraumhaus.zimmer = 7;   // hab's mir überlegt,
                            // brauche doch 7 Zimmer
```

In gewisser Hinsicht schnüre ich mit dem Punkt das Paket, das ich vorher kunstvoll zusammengepackt habe, wieder auf: und jetzt, da es aufgeschnürt vor mir liegt, kann ich mir den Stein herausnehmen, den ich benötige.

Was würde aber passieren, wenn ich kurzerhand schriebe

```
zimmer = 7;
```

Nun, der Computer würde mir sagen, dass ihm der Baustein »zimmer« unbekannt ist – was in der fürchterlichen Beamtensprache, die dort herrscht, allerdings ganz anders klingt, nämlich:

```
error C2065: 'zimmer' : nichtdeklarierter Bezeichner
```

Und warum sagt er das? Weil er diesen Baustein nur im Inneren eines Hauses, nicht aber in der freien Landschaft vermutet (und in der Tat habe ich ihn ja nicht, wie der Ausdruck lautet, *global*, sondern lokal, im Innern meines Hauses postiert).

Warum es nötig ist, MeinTraumhaus.zimmer zu schreiben, wird sogleich nachvollziehbar, wenn ich mir vorstelle, dass es nicht nur mein Haus gibt, sondern auch das eines anderen, also:

```
Haus MeinTraumhaus;
Haus DeinTraumhaus;
```

und wenn des weiteren unsere Träume ganz anders aussehen würden:

```
MeinTraumshaus.zimmer = 7;
DeinTraumshaus.zimmer = 37;
```

– *Und was würde passieren, wenn wir auch einen ganz normalen Bauklotz namens »zimmer« hätten?*

– Darüber reden wir später noch. Kommen wir stattdessen zu dem eigentlichen Zielpunkt dieses Kapitels, kommen wir von den Niederungen zur Hohen Schule der Verpackungskunst, zur Schachtel in der Schachtel. Und damit es nicht zu kompliziert wird, reduzieren wir den Text auf das Allernötigste, also:

```
struct zauberwald      // das ist meine Art Wald,
                       // der imaginäre Prototyp
{
int baum[1000];
};

zauberwald dumdideldum;  // und hier erzeuge ich ihn
```

Und jetzt? Jetzt setze ich in diesen Wald ein Tramhaus hinein. Dazu muss ich nur meinen Prototyp ein bisschen verändern:

```
struct zauberwald
{
Haus knusperhaus;
```

```
int baum[1000];
};
```

Weil aber nun das »Haus« ein Grundbaustein der zweiten Ordnung ist, also selbst wiederum Grundbausteine enthält, habe ich die Schachtel »Haus« in die Schachtel »Zauberwald« gesteckt.

– Es ist zwar unsinnig, aber hätten Sie auch genau andersherum verfahren können?, hätten sie auch den Zauberwald in Ihr Traumhaus hineinstecken können?

– Aber ja, und das ist keineswegs eine unsinnige Frage. Weil im Computer nichts ist, was es ist, sind die Proportionen der natürlichen Welt unerheblich. Das Kleinste kann das Größte enthalten, eine Mücke kann sich einen Elefanten einverleiben. Aber nicht nur, dass jede Schachtel in jede andere Schachtel passt, auch die Zahl der Schachteln spielt keine Rolle. Man kann sich Schachteln in Schachteln in Schachteln denken...

Bleibt die Frage: Wie greife ich auf einen Grundbaustein zu, der in einer Schachtel steckt, die wiederum in einer Schachtel steckt, wie diese auch? An dieser Stelle nehmen wir abermals den Punkt zuhilfe, mit dem sich eine Schachtel aufschnüren lässt. Naturgemäß muss ich bei der äußersten Schachtel beginnen und arbeite mich dann, Punkt für Punkt, Schachtel für Schachtel, zu dem gewünschten Element durch, etwa so:

```
dumdideldum.knusperhaus.tueren = 2;
```

Was wir gelernt haben...

- Ein Array, wie wir im vorigen Kapitel gelernt haben, stellt eine Reihe gleichartiger Objekte dar. Will man nun aber nicht gleich-, sondern verschiedenartige Objekte zusammenschnüren, so braucht man ein neues Instrument. Hier kommt das Schlüsselwort **struct** ins Spiel (= Struktur). Mit diesem Ausdruck kann man verschiedenartige Variablen zu einem neuen Ganzen zusammensetzen.

- Man könnte **struct** als Mechanismus auffassen, um neue Datentypen zu erzeugen. Im Unterschied zu den Grundbausteinen jedoch sind diese Datentypen zusammengesetzt, d.h. sie bestehen ihrerseits aus verschiedenartigen Untereinheiten.

- Eine Struktur ist gleichsam so etwas wie ein Karton, eine Schachtel, die ihrerseits einzelne Bauklötze enthält.

- Eine Struktur wird folgendermaßen definiert:
```
struct schachtel
{
int element;
// hier kann eine beliebige Anzahl von Elementen folgen
};
```

- Ist eine Struktur einmal definiert, kann ich sie verwenden, wie ich einen Grundbaustein (wie etwa **integer**) verwende.

- Man kann auch Arrays von Strukturen erzeugen. Existiert z.B. **schachtel**, so erzeuge ich ein Array auf die bekannte Weise:

```
schachtel[200];
```

Zwischenspiel

Warum es vorteilhaft ist, eine alte Schachtel zu sein. Also vergesslich. (Der Autor spricht)

Wenn ich je einen unglücklichen Menschen gekannt habe, so war dies Anton Antonowtitsch, oder Gustav Krems, oder Gus Tonic (wie er sich nannte, als er den einarmigen Banditen in Vegas ihre Spielpausen vertrieb). Gott hab ihn selig. Was ich freilich merkwürdig fand, war die Tatsache, dass sein Unglück der Außenwelt nicht im mindesten beschwerlich erschien, im Gegenteil, dass man neidvoll, nicht selten gar mit einer gewissen Hochachtung auf jenes Genie sah, das doch die Quelle seines tiefsten Unglücks war. Nun, als ich ihn kennenlernte, war auch dieser Glanz schon deutlich erloschen, betrieb er seine Kunst mit jenem unerschütterlichen Gleichmut, mit dem ein krebskranker Kioskbesitzer nun auch der letzten Fünftklässlergeneration seine Gummibärchen verkauft. Eigentlich war ich viel zu jung, als dass man mich in seiner Nähe hätte dulden dürfen, aber wer weiß, wen Tante Esther bestochen (oder mit guten Worten windelweich geredet hatte, so windelweich, dass *Kinderschutz* ein deutsches Fremdwort blieb), jedenfalls saß ich, ein kaum sechsjähriges Kind, im Casino und wartete darauf, dass Tante Esthers Glück sich dem Ende zuneigen würde. Aber Tante Esther war eine Systematikerin, so misstrauisch wie vorsichtig (*RRRudolf*, sagt sie mit einem rollenden R, *man muss immerrrr mit dem Schlimmsten rechnen*), was zur Folge hatte, dass sie jeden gewonnen Dollar unerbittlich verteidigte. Mir hatte sie ein Malbuch in die Hand gedrückt und einen grünen und einen gelben Stift, und hatte gesagt, das malst Du jetzt aus, aber nach einer Weile waren alle Gesichter gelb und die Menschen trugen Grün-Gelb, die Männer gestreift, die Frauen gepunktet – und mir war langweilig. Und da sah ich ihn, wie er die Bühne betrat, etwas schlurfend, in deutlich abgewetzter Eleganz. Er hatte eine blonde und schlaftablettensüchtig dreinschauende Assistentin bei sich, die aussah wie jenes Mordopfer, das die ersten fünf Minuten des Krimis nicht überleben wird – aber bald schon begriff ich, dass ich doch noch ein bisschen länger mit ihr rechnen musste. Denn ungeachtet ihres schläfrig-einschläfernden Auftretens nämlich war sie es, die alle Fäden in der Hand hielt, die im richtigen Augenblick das Telefonbuch ergriff, die Tafel umdrehte und das Publikum, also mich, *Ladies and Gentlemen* nannte – während er, mit seinen glanzlosen Augen, in den halberleuchteten und menschenleeren Zuschauerraum starrte. Ich weiß nicht, ob es unbescheiden klingt (zumal ich mir bis heute nicht sicher bin, dass er mich überhaupt wahrgenommen hat – obwohl es, in Anbetracht seines besonderen, unglückstiftenden Genies fast unwahrscheinlich gewesen wäre, dass er mich nicht fixiert hätte), aber ich bin mir noch heute gewiss, dass ich der letzte Zuschauer des Mr. Tonic war, der letzte, der seine Kunst, sein Unglück wirklich hatte würdigen können. Manchmal schaute eine schwarze und dicke Putzfrau um die Ecke, manchmal eilte ein Croupier oder einer der Wachmänner vorbei – aber sie sahen (irgendeinem merkwürdigen Gesetz folgend) niemals zur Bühne hoch, wo Mr. Tonic und Gilda, die schläfrige Assistentin, ihre Nummer abzogen. Ach, was sage ich: *abzogen*. Nein, man müsste ein Wort erfinden, um dieses leibhaftige Sendeschlussbild anschaulich zu machen. Es war eine Art Marionettentheater, nein, mehr noch, eine Art halbverrostetes, quietschendes Spielwerk, das man vom Kirchturm heruntergeholt hatte. Gleichwohl saß ich, vollends fasziniert, vor den letzten Abstrahlungen dieser Show und versuchte zu verstehen, worum es denn überhaupt ging. Nun, unter normalen Umständen wäre es mit dem Verstehen nicht weit hergewesen, denn Gilda, die Assistentin, sprach Amerikanisch – und die Antworten des Mr. Tonic, mit russischem Akzent und einer leiernden Stimme vorgetragen, waren noch weniger zu verstehen – aber tatsächlich waren die Umstände nicht normal, sondern für mich, das Kind, das doch gerade erst zu lesen begonnen hatte, wie geschaffen. Das erste, was Gilda machte, wenn sie die Bühne betraten – Gilda immer zuerst, Mr. Tonic im Schlepptau – war, dass sie hinter einem Vorhang verschwand und eine hüftgroße Apparatur auf die Bühne rollte. Wenn Sie auf den Knopf drückte, den sie merkwürdigerweise immer wieder zu suchen und zu finden schien, begann der Apparat zu brummen und warf ein weißes Lichtgeviert an die Wand. Währenddessen stand Mr. Tonic ungerührt, wie eine Säule, auf der Bühne – ohne einen Blick auf die Szenerie hinter sich zu werfen. Lief der Apparat, verschwand Gilda kurz hinter der Bühne und kam mit einem zerrupften großformatigen Buch auf die Bühne. Beim zweiten oder dritten verstand ich, dass es sich dabei um das Telefonbuch von New York handelte. Dieses Telefonbuch wurde nun auf der Glasplatte der Apparatur postiert (so dass der Apparat ein paar verrutschte Schriftzüge an die

Wand warf), dann nahm Gilda eine Haarnadel aus ihrem Dutt und stach mit viel zu großen, übertriebenen Handbewegungen in das Papier. Das Telefonbuch wurde an dieser Stelle geöffnet, ein Papier wurde herausgerissen und dem Publikum (also mir) stolz präsentiert, dann schlurfte Gilda über die Bühne, hielt es Mr. Tonic zwei oder drei Sekunden vor die Nase – machte einen Knicks und eine noch grandiosere Handbewegung und schlurfte zurück zur Apparatur. Daraufhin wurde das Papier auf die Glasplatte gelegt – und dort, wo bislang ein weißer Lichtfleck geprangt hatte, waren nun engbeschriebene Telefonbucheinträge zu lesen. Mr. Tonic hatte währenddessen eine schwarze Augenbinde aus der Tasche gezogen und sie sich vor die Augen gebunden. Eine Musik setzte ein (die ersten Takte von Beethovens Fünfter, aber das wusste ich zu dieser Zeit natürlich noch nicht, ganz abgesehen einmal davon, dass sie fast vollständig vom Rauschen und Knistern des Plattentellers überblendet wurde). Und Stille. Dann begann er zu rezitieren, langsam und tonlos. Und ich saß und verfolgte die Namen, Adressen und Ziffern – und es war, als ob die Stimme des Mr. Tonic mich in eine Märchenwelt entführte, wo es von Bogdanowichs, Bogdanows, Bogomils nur so wimmelte, wo mit den Namen und Zahlen lauter Rätselbilder erschienen: Wie mochte er aussehen, dieser Boromir Bogomil? Hatte er Kinder? Ein Glatze? Ein Auto? Gewiss: zu Anfang war die Hauptspannung vor allem sportlicher Art: Würde er einen Fehler machen, würde er, zum Beispiel, statt Bosnik Bogomil 781724, 54 Broadway irgendetwas anderes sagen? Aber nein: während ich dasaß, mit dem Auge immer schon ein Stückchen vorgerückt und darauf lauernd, ob ihm ein Fehler unterlaufen würde –

enttäuschte er mich nicht, niemals, nicht ein einziges Mal. Immerfort folgte der richtige Name, die richtige Adresse, die richtige Nummer. Was immer Gilda ihm vorsetze, er gab es wieder, Punkt für Punkt, Zeichen für Zeichen. Manchmal kam Tante Esther und musste mich regelrecht wachrütteln, so hypnotisiert saß ich da. Abends vor dem Einschlafen, während ich zuschaute, wie die Widerspiegelungen der Neonlichter über die Tapete des Zimmers wanderten, überlegte ich, ob ich mein Gedächtnis jemals zur der Vollkommenheit des Mr. Tonic bringen würde. Wenn Tante Esther nicht mit ihrem einarmigen Banditen zugange war, sondern mir von den großartigen Männern ihrer Vorkriegszeit erzählte (*das waren Männerrr!*), versuchte ich mir den Frühstückstisch einzuprägen, alle Einzelheiten, das Muster der Kaffeetasse, die kleinen Lippenstiftspuren – und versuchte, mit geschlossenen Augen, all diese Einzelheiten wiederauferstehen zu lassen. Egal was es auch sein mochte, Zeitungsartikel, Autoschilder, die Livrée des Kellners, selbst das Muster der Kuchenkrümel. »Warum sitzt du da mit geschlossenen Augen!«, sagte sie, »hörst Du mir überhaupt zu?!« – Und ich sagte ja, Tante Esther, und wiederholte brav und mechanisch, was sie gesagt hatte: »Ach Lubomir, was für ein Mann, dieser glänzende Schnauzbart, hörst Du mir überhaupt zu?« Freilich: mochte meine Gedächtniskunst dazu reichen, Tante Esthers Misstrauen einzuschläfern, so wusste ich doch innerlich, dass es mit meinen Künsten nicht weit her war. Ich versuchte mir vorzustellen, wie Mr. Tonic in meinem Alter gewesen sein mochte, als er noch ein kleiner Steppke war und Anton oder Gustl gerufen wurde – aber tatsächlich kam mir kein Bild in den Sinn, kein Vater, keine Mutter, kein Ort. Es war einfach unmöglich, sein bleiches Gesicht an irgendeinen anderen Fleck dieser Welt zu verpflanzen. Ich überlegte, ob ich ihn darauf ansprechen könne. Tagelang spielte ich mit dem Gedanken, sah mich, nachdem Gilda mit ungelenkem Armeschlenkern die Show beendet hatte, zur Bühne eilen, auf ihn zugehen – aber was hätte ich sagen sollen, ich, der doch gerade fähig zu einem *hello* und *goodbye*, aber doch zu nichts weiter war. Also begann ich mir die Worte zurechtzulegen, die ich ihm sagen würde, fragte Tante Esther, was heißt dies, was heißt das? – so dass ich schließlich eine kleine Rede verfertigt und sie, mit meinen ersten Buchstaben, zu einem kleinen Brief verfasst hatte. Ihm den Brief, von Angesicht zu Angesicht, zu überreichen, fehlte mir der Mut, andererseits wusste ich nicht, wohin ich diesen Brief senden, nicht einmal durch welchen Türschlitz ich ihn schieben sollte. So war es keine Frage, dass ich, als sich die Gelegenheit bot (als Gilda plötzlich abberufen wurde und die Show urplötzlich früher aus war als gewöhnlich), hinter ihm her ging – wie ein Hündchen, oder besser: eine Art Schatten. Es war sonderbar, ihn auf der Straße zu sehen. Er ging langsam, schaute sich niemals um. Gleichwohl schien er auf der Suche nach irgendetwas zu sein, denn er blieb stehen, wo immer etwas Gedrucktes in der Auslage eines Geschäftes lag, musterte es – und ging weiter. Seine Art zu gehen machte mir die Verfolgung schwer, denn er bekümmerte sich nicht im geringsten um die Lichter der Ampeln – sondern schnürte immer weiter. Und ich, ein gehorsames Kind, blieb auf der anderen Seite zurück, vor mich hintrippelnd, immer in der Angst, ihn aus den Augen zu verlieren. Und dann rannte ich los, hetzte hinter ihm her. Irgendwann war es passiert: Er war wie vom Erdboden verschwunden. Entmutigt wollte ich schon wieder umkehren, als mein Blick in einen kleinen düsteren Laden fiel, der Heimtiere verkaufte. Und da sah ich ihn, wie er vor dem Käfig eines kleinen Salamanders stand – und unverwandt in den Käfig starrte. Bewegte sich das Tier, so bewegte auch er sich. So bemerkte er mich nicht – und mir gelang's, ihm den Brief in die Tasche seines Jacketts gleiten zu lassen, bevor ich, fast panisch, aus dem Laden floh. In den nächsten Tagen, an denen die Show zu ihrer gewohnten Zeit begann, saß auch ich, wie gewöhnlich, auf meinem Sitz – nur dass ich nun nach einem Zeichen suchte, ob er meinen Brief denn wenigstens gelesen habe. Die Zeit verstrich und der Tag unserer Abreise kam, die letzte Gelegenheit. Ich war noch einmal in den Salon gegangen, bangen Herzens, aber dort, wo er hätte stehen müssen, waren weder er noch Gilda. Und so schaute ich hinab auf die Stadt – und wusste, dass ich ihn niemals wiedersehen würde.

Vielleicht ist das Nimmerwiedersehen der Grund dafür, dass man sich auf ewig an jemanden erinnert. Und so war Gus Tonic alias Gustav Krems alias Anton Antonowitsch nicht wirklich verschwunden, sondern soetwas wie ein persönlicher Schutzheiliger, der mich durch den Gallischen Krieg, die Untiefen der Trigonometrie und die Periodenreihe hindurchführte, der mir zur Seite stand bei jeder Prüfung – und vor meinem inneren Auge erschien, wenn ich, mit halbgeschlossenen Lidern da saß und repetierte, was ich mir eingeprägt hatte. Zwar verlor er in dem Maße, in dem ich der Welt der Prüfungen mich entzog, seinen Glanz, doch sollte ich ihm noch einmal in meinem Leben begegnen. Es war bei einer langweiligen Konferenz in Triest, bei der außer mir nur fünf andere Psychiater anwesend waren – und einer dieser fünf Psychiater, mehr Brille als Mann, hielt einen Vortrag über die sogenannten Eidetiker, Menschen, denen man ein *photographisches* Gedächtnis zuspricht. Ich war müde vom Flug, auch nervös, dass sich mein eigenes *Vortragsmanuskript* nicht auffinden wollte – aber dann, während ich in meiner Reisetasche herumwühlte, mitten im Vortrag, im halbverdunkelten Vortragsraum, sah ich plötzlich sein Gesicht auf der Leinwand. Es sah aus, wie ich es kannte, nur noch ein bisschen wächserner – eine papierene, zerknitterte Haut. Dieser Mann, sagte der Vortragende (aber er sprach Italienisch – und ich konnte nur die Hälfte von dem verstehen, was er sagte), sei Mitte der sechziger Jahre in Albuquerque aufgegriffen worden. Man habe ihn aufgegriffen, als er versucht habe, mit einem Einfüllstutzen eine Coladose vollzutanken. Er habe sich weder an seinen Namen noch an eine Adresse erinnern können, wie er überhaupt keinen zusammenhängenden Gedanken habe fassen können. Wahrscheinlich hätte man ihn laufen lassen, wenn nicht zufällig ein Polizist zugegen gewesen sei, der auf der rückseitigen Stoßstange des Wagens Blutflecke gesehen habe. Als man den Kofferraum öffnete, habe man die Überreste einer Frau gefunden, in lauter Einzelteile zerlegt und in Gefrierbeuteln verpackt.

Als man ihn zur psychiatrischen Begutachtung in die Universitätsklinik gebracht habe, in die Obhut des Professors Diaz del Castillo, sei er schließlich einer Untersuchung unterzogen worden. Man habe seine Intelligenz gemessen – und gesehen, dass sie an Schwachsinn grenze. Was die Ärzte freilich erstaunte, war, dass der Mann über geradezu unbegrenzte Gedächtniskapazitäten verfügt habe – man habe ihm irgendeine Tageszeitung vorlegen können und er habe sie Wort für Wort, in einem leiernden Singsang, wiedergeben können. Und nicht nur dies, alles Gedruckte, Gebrauchsanweisungen, Theaterstücke, mathematische Handbücher, ganze Telefonbücher, habe er mühelos repetieren können. Was die Forscher irritierte, war die Kluft zwischen seiner ungeheuerlichen Gedächtniskapazität einerseits und seiner vollkommenen Orientierungslosigkeit andererseits. Er sei unfähig gewesen, auch nur eine alltägliche Unterhaltung zu führen. Darüberhinaus habe man niemals unterscheiden können, ob ein Satz nur auswendig gelernt oder tatsächlich mit einem Hintersinn und einer Absicht ausgesprochen worden sei; mehrmals sei es ihm, Diaz de Castillo, passiert, dass er eine Absicht unterstellt hatte, um anschließend, düpiert, herauszufinden, dass er doch nur ein Zitat wiedergegeben hatte. Eine Zeitlang habe er gedacht, dass möglicherweise in der Collage und Positionierung der Zitate ein Sinn versteckt sein könne – aber diese Mutmaßung habe er schließlich dem Resümee geopfert, dass es sich hier nicht um eine Persönlichkeit handele, sondern um eine informationsverarbeitenden Maschine, die nur zufällig die Gestalt eines Menschen angenommen habe. Nur ein einziges Mal habe er ihn bei einer menschlichen Regung überrascht. Einmal sei er in den Behandlungsraum gekommen und habe gesehen, dass der Patient einen Zettel in seiner Hosentasche habe verschwinden lassen. Das habe ihn gewundert, denn der Mann hätte ansonsten niemals den Eindruck vermittelt, dass er so etwas wie persönlichen Besitz oder wie Privatsphäre besäße: Man habe ihm ein Kleidungsstück wegnehmen können, ohne dass er protestiert hätte. Folglich habe ihn die Geheimniskrämerei überrascht – und er habe sich den Zettel genauer angeschaut. Er war ein Brief, der, in einem etwas merkwürdigen Englisch verfasst, eine Kinderhandschrift getragen habe: *How make you remember these telephone numbers?*

Lektion 13

Von der Kunst, sich so dumm zu stellen, dass man selbst daran zu glauben beginnt

– Oh, das war eine Geschichte mit einer Moral....

– *Wo haben Sie denn hier eine Moral entdecken können?*

– Aber das ist doch offensichtlich. Wenn die Geschichte etwas erzählt, so dass es einen Punkt gibt, wo man, obschon man doch jede Einzelheit photographisch genau vor Augen hat, den Überblick verliert – und verlieren muss. Damit aber wird das, was ich auswendig weiß, inwendig sinnlos – und erscheint nurmehr wie eine verschlüsselte Botschaft. Nun, genau das ist es, was den Programmieren widerfahren ist....

> Plötzlich macht es einen Pfiff und ein lautes Zisch, und ein Blitz fährt aus der Decke – und dort, wo normalerweise ein Aschenbecher gestanden hat, steht jetzt ein kleines aufgeregtes Männchen, das mit den Fingern schnipst.

– Wer sind denn Sie?

MÄNNCHEN (jetzt, da es angesprochen worden ist, wechselt es seine Haltung und sagt, leicht sich vornüberbeugend, überaus wichtigtuerisch): Ich habe eine Botschaft. Wer ist denn hier der Verantwortliche?

– *Raus damit, Wir haben hier keine Zeit für Mätzchen...*

MÄNNCHEN: *Gut, ich sags, aber nur, wenn ich was zu trinken bekomme. Schnaps...*

> Die Nummer Eins telefoniert mit dem Vorzimmer. Die Vorzimmerdame kommt mit einem Schnapsglas, das aber noch immer so groß ist wie das ganze Männchen – und stellt es auf den Tisch. Das Männchen beobachtet den Vorgang – und man sieht an der sich schwellenden Brust, dass ihm der Aufwand behagt. Kaum dass die Vorzimmerdame das Zimmer verlassen hat, stürzt sich das Männchen, wie ein ausgehungerter Vampir, auf das Glas und trinkt und trinkt... Irgendwann steht es torkelnd auf dem Boden des Glases, während die beiden Männer sich über das Glas beugen.

MÄNNCHEN : Sym – sym – symballein. Das isss, was man zu-zu-zusammenwirft. Und das Gegenteil von so'm Symbol? Das heißt Dia – dia- diaballein und iss, wenn man's wieder auseinanderwirft.. Und woher kommt der Teufel her? Diaballein und diabolisch ....

> Das Männchen fällt um, wie ein gefällter Baum, und beginnt augenblicklich laut zu schnarchen.

– *Haben Sie den bestellt?*

– *Gott bewahre!* – Naja, jetzt stört es wenigstens nicht mehr. Also, lassen sie mich, bevor ich das ganz vergesse, meinen Gedanken zu Ende führen. Das, was Mr. Tonic widerfahren ist, ist auch den Programmiersprachen widerfahren. Mit der Geschwindigkeit der Computer kamen immer mehr Variablen ins Spiel. Zwar war es für die Maschine kein Problem, sich diese Variablen zu merken – aber diejenigen, die die Programme schrieben, verloren zunehmend den Überblick. Und aus diesem Grund begann man die Dinge in Schachteln zu stecken – und das Benötigte erst dann wieder hervorzuholen, wenn man es brauchte.

Im Grunde sind wir schon einer ganzer Reihe solcher Schachteln begegnet, sei es, dass sie die Gestalt von Automaten (Funktionen) besitzen oder von solchen Zauberkästen, wie wir sie eben besprochen haben (*struct*).

Schauen wir uns noch einmal einen unserer Automaten genauer an.

```
for (int z = 0; z < 100; z++)
    {
    // und hier kommt der Befehl
    }
```

Sie erinnern sich, einen ähnlichen Automaten haben wir benutzt, als wir unsere Györgi-Armee gerüstet haben. Im Innern dieses Automaten sitzt der Zähler *int z*. Nun könnte ich auf den Gedanken kommen, an irgendeiner Stelle meines Programms, in einer ganz anderen Funktion, auf diesen Zähler zurückzugreifen, einer Variablen etwa seinen Wert zuzuweisen.

```
int neuerZaehler = z;
```

Was wird passieren? Diese andere Funktion wird mir in ihrem Beamtendeutsch eine neuerliche Rüge verpassen:

```
error C2065: 'z' : nichtdeklarierter Bezeichner
```

Das aber bedeutet – in unsere Sprache zurückübersetzt –, dass der Zähler z dieser Funktion unbekannt ist. Und warum? Weil wir ihn in einer Schachtel, als *Schachtelwesen*, oder wenn man so will: als eine Art Hausgespenst erzeugt haben (und von denen ist ja auch nicht bekannt, dass sie ambulant werden und anderen Häusern mit Hausbesuchen aufwarten). Warum nun gibt es derlei Schachtelwesen? Der Vorteil, denke ich, liegt auf der Hand. Der Raum, den ich zum Denken brauche, wird nicht verstopft durch all diese Kleingeister, die nur für ganz bestimmte Hilfsarbeiten zuständig sind. Habe ich sie in einer Schachtel erzeugt, bleiben sie auch in Zukunft in dieser Schachtel.

Das Männchen in seinem Schnapsglas dreht sich, das Schnarchgeräusch verschwindet – aber jetzt beginnt er, in unregelmäßigen Abständen, laut zu rülpsen.

Mit dieser Verschachtelungstechnik (der Verwendung *lokaler Variablen*, wie das in diesen Kreisen heißt) gelang es den Programmierern, den Überblick zurückzugewinnen, vor allem aber dem größten (und vielleicht einzigen)

der Computerwelt zu entkommen : der Doppelbenennung. Denn wenn etwas verboten ist, so, dass zwei Grundbausteine gleichen Namens existieren.

Schreiben wir beispielsweise

```
int doppelkopf;
char doppelkopf;
```

wird der Compiler unverzüglich protestieren:

```
error C2371: 'doppelkopf' : Neudefinition; unterschiedliche Basistypen
```

Hier sind gleich zwei Dinge als unzulässig moniert: einmal die Neubenennung (Tabu!), zum zweiten, dass die beiden Bausteine nicht von der gleichen Sorte sind. Stecke ich aber einen Baustein (oder gleich alle beide) in eine Schachtel, so wird es nichts mehr zu beanstanden geben.

– *Oh, ich verstehe. Das heißt: die Abteilungen wissen jetzt nichts mehr voneinander, folglich kann es auch keine Störungen mehr geben.*

– Ja, wenn man ein General oder ein Staatsmann wäre, hätte man diese Neuerung bestimmt als Herrschaftstechnik begrüßt. Wenn ich eine *lokale* Variable definiere, so bleibt die Kirche im Dorf (und ein Aufstand im Dorf X kann nicht auf andere Dörfer übergreifen). Gebe ich aber eine *globale* Variable heraus, so ist das wie ein Staatsbeamter, der in jedem Dorf bekannt ist und angeschrieben werden kann.

Nun – der Vorteil dieses Verfahrens jedenfalls ist den Programmierern schnell klar geworden, und wenn es einen entscheidenden Fortschritt in der Programmierung gibt, so besteht er nur in der Verfeinerung des Verschachtelungs- und Verpackungswesens.

Nehmen wir unseren Zauberkasten, also struct – und stellen uns vor, dass wir nicht ein Traumhaus, sondern gleich 1000 Traumhäuser bauen wollen. Erinnern wir uns. Wir hatten zuallererst einen Grundbaustein »Haus« zusammengezimmert.

```
struct Haus
{
int zimmer;
int tueren;
int fenster;
};
```

Nun ist dies, wie wir wissen, nur der abstrakte Bauplan (der Grundbaustein), müssen wir, um ein wirkliches Haus bauen zu können, unserem Grundbaustein einen Namen geben:

```
Haus Traumreihenhaus[1000];
```

Was ist passiert? Wir haben gleich 1000 traumhafte Reihenhäuser errichtet – und jedes dieser Häuser enthält soviele Zimmer, Türen und Fenster, wie es Ihnen beliebt. Wie?, könnten Sie einwenden, diese ganzen Häuser haben doch alle den gleichen Namen? Verstößt dies nicht gegen das Doppelbenennungstabu?

– In der Tat, genau das wollte ich sagen –

– Aber schauen Sie genau hin! Ist das wirklich der gleiche Name?

```
Traumreihenhaus[2];
Traumreihenhaus[3];
```

– *Nun ja, da unterscheidet sich die Hausnummer ein bisschen ...*

– Genau. Die Hausnummer aber, wie Sie sagen, ist ein Teil des Namens – und folglich sind diese beiden Grundbausteine, obschon sie ihrerseits vollkommen gleich gebaut sind, ja geradezu Klons sind, *nicht* identisch. Und deshalb, wenn ich mit einem Punkt, die betreffende Schachtel öffne, ist das darin enthaltene »zimmer« ein anders, als jenes, das in der anderen Schachtel steckt.

```
Traumreihenhaus[2].zimmer = 1;
Traumreihenhaus[3].zimmer = 4;
```

Mit der Kombination von Namen und Indexzahl habe ich die mir die Dinge untertan gemacht und vermag nun – wie ein absoluter Monarch – eine schier unermessliche Zahl von Elementen zu beherrschen. Jedes Häuschen meines Königreichs steht mir offen ...

> Der kleine Flegel im Schnapsglas ist aufgewacht und hat offenbar schon eine Weile zugehört, lange genug jedenfalls, um den Zusammenhang zu begreifen. »Prima, prima, ius primae noctis" kräht er und macht höchst eindeutige, obszöne Bewegungen. Als die Nummer Eins nach ihm greift, schwingt er sich behände über den Rand des Schnapsglases

hinweg, saust mit seinen kleinen Stummelbeinchen über den Schreibtisch hinweg und stürzt sich kopfüber, unter johlendem Gelächter, in die Tiefe – in Richtung Teppichboden.

– *Da haben wir den Salat. Vielleicht sollte ich einen Kammerjäger rufen lassen...*

Der Kleine johlt nur noch lauter, höhnt irgendetwas Unverständliches in Richtung Nummer Eins.

– Ja, in der Tat, das ist ein ganz klarer Fall von einem *bug*..

– *Das Beste ist: einfach ignorieren ...*

– Aber noch einmal zur *Kunst des Vergessens* zurück. Wie Sie sehen, erlaubt uns das Zauberwort *struct*, beliebige Bausteine, seien es Grundbausteine oder abermals zusammengesetzte Steine, zu einem Paket zusammenzuschnüren. – Dieses Paket mag nur einmal existieren, aber ebensogut kann man in Serie gehen und (wie ein Zauberer, der ein Ding nach dem anderen aus seinem Zauberhut zieht) Tausende dieser Pakete erzeugen. Gleichwohl ist auch eine solche Tausendschaft (ein Array) über den Index leicht zu beherrschen – ja, fungiert diese (also die dem Namen nachgestellte Klammer [i]) als ein Verpackungsmaterial. Wenn wir dieses Prinzip beherrschen, so werden wir dem Schrecken des Mr. Tonic entrinnen, sagen wir: Klappe zu. Affe tot.

Was wir gelernt haben...

- Eine wesentliche Frage in C++ ist, wo eine Variable definiert wird. Es gibt **globale** Variablen, die, wie der Name sagt, überall im Programm angesprochen werden können.

- An der anderen Seite des Spektrum finden sich jene Variablen, die in einer Funktion definiert werden, etwa als Zähler einer for-Schleife.

  ```
  void funktion()
  {
  for (int a = 0; a < 100; a++)
      {    }
  //...
  }
  ```

  Eine solche Funktion existiert nur solange, solange die Funktion ausgeführt. Sie wird danach sogleich aus dem Speicher gelöscht.

- Es gibt im Computer ein Tabu der Doppelbenennung. Variablen oder Objekte dürfen nicht den gleichen Namen tragen.

- Ist ein Objekt in einer Schachtel, so muss man sich seinen Namen gleichsam zusammengesetzt denken. Angenommen, die Variable **int a** ist Teil eines Objekts namens **Schachtel**, so kann es ansprechen als

  schachtel.a;

  Aus diesem Grund kommt es zu keinem Namenskonflikt, wenn ein globales Objekt mit dem Namen **a** existiert.

Lektion 14

Doppelleben

Er ist in einem Hotel. Er steht vor einem Kleiderschrank, in dem lauter Anzüge hängen. Er probiert einen Anzug aus, aber die Hose ist viel zu groß. Das Telefon klingelt – und jemand nennt ihn bei einem Namen, der nicht der seine ist. Der Page kommt herein, bringt ihm Wäsche, die er angeblich in die Reinigung gegeben hat, und abermals nennt ihn ein anderer Mensch bei diesem Namen. Alle Menschen nennen ihn bei diesem Namen. Er sagt: Ich heiße nicht so, ich heiße... Aber sonderbarerweise hat sich dort, wo in seinem Kopf der eigene Name war, ein Krater gebildet, auf dessen Grund eine kleine Pfütze zu sehen ist. In ihr spiegelt sich der Himmel. Und er denkt sich: Was wird von mir übrig sein, wenn auch diese Pfütze getrocknet sein wird? Plötzlich findet er sich wieder in seinem Büro. Er steht am Fenster und sieht hinaus auf die Stadt, die unter ihm liegt. Es ist ein grandioser Blick, wie aus der Pilotenkapsel eines Flugzeuges. Aber der Himmel ist schwarz.

– Nehmen wir einmal an, dass wir uns zu großartigen *Vergessenskünstlern* gemausert hätten. Das stimmt zwar nicht ganz, denn wir werden sehen, dass unser Zauberkasten *struct* noch eine kleine Macke hat, die wir, um uns diesen Ehrentitel zuzulegen, noch ausbessern müssen, aber das soll uns jetzt nicht weiter bekümmern. Nehmen wir also an, wir würden die Kunst des Vergessens perfekt beherrschen, da stellt sich doch die Frage: Wer ist eigentlich derjenige, der die Erinnerungsarbeit für uns übernimmt?

– *Naja, wozu gibt es Computer. Heißt ja nicht umsonst »Elektronenhirn«...*

– Ja, aber wie weiß diese Maschine, von der wir doch wissen, dass sie nicht einmal bis drei zu zählen versteht, wo sie nach einer bestimmten Variable suchen muss?

– *Ich würde sagen, das funktioniert etwa so, wie ein Grundbaustein funktioniert. Und so denke ich, dass auch der Speicher aus Speicherbaukästchen besteht, die ihrerseits durchnumeriert sind* —

Und so stelle ich mir weiterhin vor, dass es einen Mechanismus gibt, der festhält, ob ein Baustein bereits besetzt ist oder nicht. Wenn er besetzt ist, kann ich hier nichts mehr abspeichern, ist er frei, steht er mir zur Speicherung zur Verfügung ...

– Sie haben den Nagel auf den Kopf getroffen. Nehmen wir einmal Ihr Beispiel. Da sehen wir, dass der Speicherbaustein 805 frei ist. (Im Übrigen haben wir ihn schon kennengelernt: Es ist unser Grundsbaustein *byte* – und der wiederum eine Länge von 8 Unterkästchen, 8 bits hat). Weil ein byte genau so groß ist wie unser Grundbaustein *char*, könnten wir dort ein Wort mit 5 Buchstaben abspeichern, etwa so:

Wenn wir den Speicherbaustein 805 nehmen, so wissen wir, dass er nun einen Buchstabenklotz mit dem Wert 76 enthält (den das Grafikprogramm, nachdem es die Buchstabentabelle studiert hat, als »L« entziffert).

– *Sie wollen mir zu verstehen geben, dass der Speicherbaustein 805 nicht einen, sondern 2 Werte enthält? Einmal sich selbst, zum anderen den Wert des Buchstaben »L«?*

– Ja, genau so muss man sich dies vorstellen.

– *Das aber heißt doch: jeder Speicherklotz führt eigentlich ein Doppelleben. Nach außen trägt er seinen Wert zur Schau (und da prangt das große »L« auf dem Bildschirm), nach innen aber lebt das geheime Leben der Nummer 805...*

– Ich bin überrascht, mein Lieber, wie schnell Sie heute sind. – Nun lassen Sie uns die Perspektive einmal umdrehen. Sind wir bisher immer vom Speicherklotz 805 ausgegangen, lassen Sie uns nun danach fragen, ob man von einem Buchstabenklotz auch erfragen kann, wo er sich derzeit im Speicher befindet. Zunächst einmal haben wir unser Wort mit fünf Buchstaben:

```
char Schluessel[5] = »Logos«;
```

Wir sehen: da haben wir eine Liste mit 5 Elementen vor uns, und der Buchstabe »L« wäre das erste Element, und weil wir von 0 zu zählen beginnen, lautet er:

```
Schluessel[0];
```

Also: Gibt es irgendeine Möglichkeit, den Aufenthaltsort dieses Buchstabenklotzes in Erfahrung zu bringen?

– *Entschuldigung, aber ich verstehe nicht, was der Sinn einer solchen Frage wäre. Im Grunde war es doch vollkommen beliebig, dass der Speicherklotz 805 gerade frei war und nicht der Speicherklotz 801. Tatsächlich hat doch keine Variable eine feste Adresse. Warum also sollten wir danach fragen?*

– Ein Beispiel: Herr X ist dauernd auf Reisen; und weil er sich ohnehin nur in Hotels aufhält, hat er seine Wohnung aufgegeben. Er ist also ohne *festen Wohnsitz*, wie man dies nennt. Dennoch könnte es sein, dass Sie mit ihm in Kontakt treten wollen. Dazu aber müssten Sie wissen, in welchem Hotel und in welchem Hotelzimmer er sich gerade befindet.

– *Gut, gut, das mag für das Beispiel zutreffen. Aber haben wir nicht gesagt, dass wir uns um die Adresse einer Variablen gar nicht kümmern müssen, weil sie, wenn ich sie nenne, sogleich zu mir teleportiert wird? Das heißt: ich kann immerfort, um das Beispiel weiterzuführen, in telefonischen Kontakt zu Herrn X treten. Ich muss gar nicht wissen, in welchem Hotelzimmer er gerade steckt.*

– Sie haben absolut recht. – Und doch gibt es einen guten Grund dafür, nach einer Adresse zu fragen. Vielleicht darf ich, an dieser Stelle, noch einmal einen Vergleich heranziehen. Nehmen wir an, Sie haben eine ziemlich schwere Schatztruhe, die Sie irgendwo im Wald vergraben haben. Und natürlich machen Sie sich einen Plan, wo sie liegt. Aber warum? Weil es sehr viel einfacher ist, ein Stück Papier mit sich herumzuschleppen als eine schwere Kiste. Und genau dies ist der Punkt, auf den ich hinsteuere. Dass wir die schweren Speicherklötze durch solche Adresszettel ersetzen.... so wie wir Gold durch Schecks und Papiergeld ersetzt haben.

– *In Ordnung, fahren Sie fort. Vielleicht werde ich dies später noch verstehen...*

– Noch einmal zu unserer Frage: Wie ist es uns möglich, den Aufenthaltsort unseres Buchstabenklotzes »L« in Erfahrung zu bringen? Die Antwort ist simpel, denn für dieses Problem steht uns ein eigenes Zeichen (ein sogenannter *Adressoperator* &) zur Verfügung. Zunächst aber einmal: wie sieht unser Objekt im Speicher aus?

Schluessel[0] = 76 = »L«

☐ ■ ☐ ☐ ■ ■ ☐ ☐
128 64 32 16 8 4 2 1

Wenn ich dieses kleine Zeichen & voranstelle, gibt er mir nicht den Inhalt meines Buchstabenklotzes (also 76) zurück, sondern seine derzeitige Adresse, und die, wie wir wissen, lautet 805.

Es gibt nun ein spezielles Werkzeug, das eigens dafür geschaffen ist, sich solcherlei Adressen zu merken. Man nennt dieses Werkzeug einen *Pointer*. Der Pointer ist eines der mächtigsten Werkzeuge, über das C++ verfügt – aber zugleich eines, das den meisten Anfängern so dunkel vorkommt wie die andere Seite des Mondes. Und weil man das Gefühl hat, dass es dort nicht mit rechten Dingen zugeht, flüchtet man sich zu anderen, einfacheren Programmiersprachen. Gleichwohl ist der Schrecken vor dem Pointer so unbegründet wie die Angst, die frühere Zeiten vor dem *Mann im Mond* verspürt haben. Ist man einmal dort gelandet, findet man nichts anderes als das, was man ohnehin kennt: Steine, nichts weiter.

Vielleicht muss man sich nur ein anderes Bild für einen Pointer vorstellen.

Etwa so:

> Habe ich ein Haus, dann ist der Pointer der Zettel, auf dem die Adresse dieses Hauses verzeichnet ist
>
> Habe ich eine Schatztruhe, dann ist der Pointer die Schatzkarte
>
> Brauche ich ein Medikament, so ist der Pointer das Rezept
>
> Will ich in der Bibliothek ein Buch ausleihen, so ist der Pointer der Leihzettel (der, wie man weiß, die Signatur des Buches enthalten muss)

Nun benutzen wir auch in unserem wirklichen Leben immerfort Pointer, nur dass wir sie nicht als solche benennen (geschweige denn, dass wir ihr Gemeinsames auf einen Nenner bringen können).

Denn warum sonst finde ich es komisch, wenn ich

> von einem Adressbuch geleitet auf Schatzsuche gehe
> dem Apotheker die Signatur eines Buches aus der Staatsbibliothek in die Hand drücke
> der Bibliothekarin die Schatzkarte aushändige
> zuguterletzt einen Passanten danach frage, wie ich zu der Adresse »Valium 100« komme

Würde ich einen Computer darauf hin angehen, so würde auch er mir keine befriedigende Antwort darauf geben können, aber würde mich nicht anschauen, als hätte ich den Verstand verloren. Nein, das einzige, was er dazu zu sagen hätte, wäre, dass ich mich im *Pointertyp* geirrt habe.

– Das heißt: jedes Ding braucht seinen dazugehörigen Pointer...

– Ganz genau. Und umgekehrt: jeder Pointer braucht das dazugehörige Ding.

– Das müssen Sie mir noch einmal erklären...

– Gut. Fangen wir zunächst einmal an, wie ich einen Pointer erzeugen kann. Nehmen wir einmal das Beispiel eines Rezeptes. Zuallererst verweist ein solcher Zettel ja nicht auf das *besondere* Medikament, das der Arzt verschrieben hat, sondern erst einmal darauf, dass es sich um ein Rezept und nicht um einen Leihzettel aus der Staatsbibliothek handelt. Aber ein Pointer (= Rezept) ist nichts ohne das, worauf er verweist (= Medikament). Dies mag ein Grundbaustein sein, kann ebensogut ein zusammengesetzter Baustein sein, den wir, *gesagt getan*, einfach erzeugen können.

```
struct medizin
{
};
```

Und jetzt platzieren wir in der Apotheke jene Pillendose, die der Arzt uns verschreiben wird:

```
medizin zaubertrank;    // d.h. es gibt vom Grundbaustein
                        // medizin eine Instanz namens
                        // zaubertrank
```

Und damit die Apotheke nicht ganz karg aussieht, fügen wir noch ein paar andere Medikamente hinzu

```
medizin alkaseltzer;
medizin placebo;
```

Gut, suche ich mir also meinen Arzt. Aber ein moderner Druide drückt einem Kassenpatienten nicht das Medikament, sondern ein Rezept in die Hand. Er greift also zu seinem Rezeptblock, um ein Rezept gegen Ihre Kopfschmerzen auszufüllen:

```
medizin* gegen_kopfschmerzen;
```

Auf den ersten Blick könnte man meinen, dass er mir (wie die Quacksalber ehedem) selbst ein Rezept zusammenbraut – denn die Formel sieht ja fast identisch aus. Bis auf den kleinen Stern – und dieser Stern signalisiert, dass es sich nicht um das Medikament selbst, sondern um einen Verweis handelt.

Mit diesem kleinen Sternchen kann ich einen Grundbaustein zu einem Pointer verwandeln. Was das bedeutet?

> Ich habe ein Rezept ausgestellt.
> Ich habe einen Schatz zur Schatzkarte gemacht.
> Eine Stadt zu einem Stadtplan.
> Ein Buch zur Signatur.

Wenn man sich vor Augen hält, welch mühsamer Prozess z.B. die Erstellung von Bibliothekssignaturen ist, wird man begreifen, dass der Pointer ein überaus mächtiges Werkzeug ist.

Kommen wir zurück zu unserem Arzt, der uns ein Rezept gegen Kopfschmerzen ausstellen will. Zwar hat er seinen Rezeptblock zur Hand genommen, aber auf dem

Zettel selbst steht noch nichts. Das holen wir jetzt nach:

```
gegen_kopfschmerzen = &zaubertrank;
```

Das Rezept (gegen_kopfschmerzen) zeigt nun den Ort an, wo sich der Zaubertrank in der Apotheke befindet.

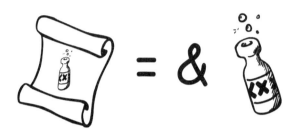

Vielleicht wird hier der Sinn des Pointers deutlicher. Nehmen wir an, dass der Zaubertrank (wie wir es von *Asterix* kennen) in einem großen Kessel zubereitet wird, also überaus schwer von Gewicht ist. Überträgt man dies in die Denkweise der Programmierung, hieße dies, dass unsere »medizin« aus extrem vielen Ingredienzien zusammengesetzt ist, mithin sehr viele Bytes im Speicher benötigt, sagen wir einfachheitshalber 1024. Damit bräuchte eine Medizin XYZ 1024 bytes, der dazugehörige Pointer (das Rezept) aber nur 1 oder 2 bytes. Anders gesagt: Es ist einfacher, ein Rezept auszustellen, als einen Kessel von hier nach da zu transportieren.

Nun kann, wie gesagt, jeder Grundbaustein (sei es ein einfacher, sei es ein zusammengesetzter Baustein) seinen dazugehörigen Pointer erhalten. Er wird nach dem vertrauten Muster des *Gesagt-Getan* erzeugt. Die einzige Abweichung (das, was ihn zum Pointer macht) ist das kleine Sternchen:

```
int*          wo_ist_die_zahl;

char*         wo_ist_der_buchstabe;

zauberwald*   wo_gehts_zum_wald;   // ein Pointer kann auch
              // auf einen selbstgebauten Grundbaustein verweisen
```

*– Jetzt habe ich Ihnen lange und geduldig zugehört – und mich bemüht, die Logik zu verstehen. Was ich verstanden habe, ist, dass ein Pointer so funktioniert wie ein Scheck oder ein Rezept – und dass es platzsparender und deswegen vorteilhafter ist, eine Summe auf ein Papier zu schreiben als einen Goldspeicher zu bauen wie in Fort Knox. Ich habe verstanden, was eine Adresse ist, dass es einen **Adressoperator &** gibt und dass mir ein *Sternchen anzeigt, dass ich es nicht mit der Sache selbst, sondern mit ihrer Beschreibung zu tun habe. Aber trotzalledem verstehe ich immer noch nicht, was der große Vorteil eines Pointers sein soll...*

– Nun, vielleicht liegt es daran, dass der Pointer ein Doppelleben führt und dass das, was wir bislang von ihm mitbekommen haben, lediglich seine bürokratische Seite ist: der Staub der Bibliothek, die Aktenödnis der Registratur. Tatsächlich jedoch vermag sich der Pointer in ein anderes Wesen zu verwandeln, kann er, wie ein böser Dämon, in die Gestalt jenes Gegenstandes schlüpfen, über dessen

Adresse und Verbleib er doch bloß Buch führen soll. Habe ich einen Pointer von einem Ding, so habe ich das Ding selbst in der Hand (wie bei jenem Voodoo-Zauber, wo der Stich in die Puppe die Person verletzt, für die die Puppe stellvertretend steht).

– Oh, das kommt in der Tat etwas überraschend...

– Wie funktioniert nun dieser Mechanismus? Nehmen wir den einfachsten Fall, einen Zahlenklotz und den zugehörigen Pointer:

```
int safe  = 7192;
int* schluessel ;
```

Damit nun der Dietrich ins Schloss passt, muss man ihm die Adresse des zugehörigen Safes mitteilen:

```
schluessel = &safe;      // der Dietrich kennt jetzt
                         // die Adresse des Safes
```

Ist diese Verbindung gestiftet, weiß jeder, der in den Besitz dieses Schlüssel kommt, wo sich dieser Safe befindet (welcher Schlüssel würde dies seinem zufälligen Finder schon mitteilen?).

Wie aber kann ich damit auf das Innere des Safes zugreifen? Zunächst einmal: der Safe ist ein Zahlenklotz. Folglich muss ich meinerseits ein entsprechendes Behältnis mitbringen. So muss der Sack, der mein Diebesgut speichern soll, vom gleichen Typ, also seinerseits ein Zahlenklotz sein. Gesagt getan, nichts leichter als das.

```
int beutel;
```

Nun kommt der Augenblick, der mit einem klassischen Einbruchsszenario nicht das Mindeste mehr zu tun, denn ich bin gar nicht genötigt, in ein fremdes Haus einzudringen – ja, ich muss nicht einmal mehr den Safe in Augenschein nehmen. Ich schreibe lediglich

```
beutel = *schluessel;
```

Und voilá! Jetzt stecken in meinem Beutel 7.192 Goldstücke.

– Entschuldigung, aber das habe ich nicht verstanden! Bitte noch einmal!

– Im Grunde sind nur zwei Schritte daran zu besprechen. Der erste Schritt: der Pointer speichert die Adresse des Safes.

```
schluessel = &safe;
```

Aber was bedeutet es genau, wenn man sagt: der Pointer erhält die Adresse des Safes. Wenn wir das Beispiel mit der Schatzkarte konsultieren, wissen wir, dass derjenige, der die Schatzkarte besitzt, immer auch auf den Schatz zugreifen kann. Und genau das lässt sich (und hier beginnt sozusagen die dunkle, kriminelle Seite des Pointerwesens) mit einem Pointer bewerkstelligen. Jedoch hat der Pointer, wie wir uns erinnern, nicht die gleiche Bytegröße wie das Objekt, auf das er verweist (zum Wohlgefallen der Informatiker, die auf diese Weise Platz haben sparen können). Das aber heißt, dass wir den Inhalt des

Safes nicht direkt in den Pointer stecken können, sondern ein Behältnis benötigen, das dieses Volumen fassen kann (also einen Zahlenklotz).

Deshalb kommt es zu der Gleichung:

```
beutel = *schluessel;
```

Und mit dieser Gleichung nimmt der Beutel das Innere des Safes in sich auf. Dies wird über den Ausdruck *schluessel bewerkstelligt – der bedeutet: gib mir jetzt nicht die Adresse, sondern gib mir ihren Inhalt.

Das entscheidende Zeichen, das Schlüsselzeichen bei dieser Operation ist das Sternchen, dem wir ja schon zuvor begegnet sind. Freilich: so wie der Pointer zwei Gesichter hat, so hat auch das Sternchen zwei Bedeutungen, und sie hängen davon ab, auf welcher Seite es erscheint.

Erscheint das Sternchen auf der linken Seite der Gleichung, so macht es aus einem Grundobjekt einen Pointer (einen Verwaltungsbeamten, der sich, wie man weiß, niemals die Finger schmutzig macht).

Erscheint das Sternchen auf der rechten Seite, so verwandelt sich der Verwaltungsbeamte in das zurück, was er verwaltet. Ist unser Verwaltungsbeamter zufällig in der Abteilung *Monster und andere Ungeheuer* beschäftigt, so kann es passieren, dass aus dem Mann mit der weißen Weste selbst ein Monster wird:

```
struct   monster
struct* verwaltungsbeamter = &monster;
struct die_zweite_natur = *verwaltungsbeamter;
```

Was, im Ergebnis besagt: die zweite Natur des Verwaltungsbeamten ist das Monster.

Ach, lieber Leser, ich will nicht verhehlen, dass mich dieses Thema zu allerlei Gedanken anstachelt – und dass es keinesfalls vergebliche Liebesmüh wäre, eine *Philosophie des Pointers* zu schreiben. Man würde dabei einem merkwürdig janusköpfigen Wesen begegnen, einer Person, die so, aber auch ganz anders sein kann. Das mag für uns, die wir nichts sehnlicher wünschen als Eindeutigkeit, eine deutliche Zumutung darstellen, so unerträglich wie die Vorstellung, dass wir den anständigen Dr. Jekyll und seinen amoralischen Widerpart Mr. Hyde als *ein und dieselbe* Person denken müssen, dass es allein von der Situation abhängt, in welcher Gestalt, ob als Unhold oder als gütiger Arzt, uns diese Person gerade erscheint ...

> Die Nummer Eins dreht am Radio herum, tippt zunehmend nervös auf den Tasten herum.

– *Sagen Sie, können wir den nicht abschalten?!*

– Ich hoffe, dass wir uns damit nicht selber ausschalten ...

> Pffff. Dunkelheit. Das Licht ist ausgegangen. Man hört ein lautes Johlen und Pfeifen – der kleine Kobold wäre, wenn man ihn sähe, wieder auf der Bildfläche erschienen. So aber ist es zappenduster.

– Diese Wanze schon wieder ....

–*Wissen Sie, was ich glaube? Ich glaube, ER ist das ... Diese Autoren glauben doch, dass sie sich alles rausnehmen können.*

> Das Licht geht wieder an. An der Wand, die noch eben schön und makellos weiß war, prangt jetzt ein riesengroßes Grafitti. Ein leises Kichern.

–*Frechheit bodenlose* — *Na, bringen wir's zu Ende für heute abend...*

–Ein Gedanke vielleicht noch. Was passiert, wenn das Objekt kein Zahlenklotz, sondern ein zusammengesetztes Objekt ist? Damit kommen wir zu einer interessanten Frage, die wir morgen noch intensiver behandeln werden. Nehmen wir an, wir haben ein zusammengesetztes Objekt:

```
struct haus
{
int hausnummer;
int bewohner;
} Nachbarhaus;   // dadurch, dass ich hinter das Ende der
                 // Klammer den Namen geschrieben habe, habe
                 //  ich ein Haus mit diesem Namen erzeugt
```

Das sähe im Speicher folgendermaßen aus:

```
Nachbarhaus
{int hausnummer         int bewohner              }
■■■■■■■ ■■■■■■■         ■■■■■■■■■■■■■■■■□□□□
800                      801                       802
```

Jetzt erzeugen wir einen passenden Pointer und lassen ihn die Adresse des Nachhauses aufnehmen:

```
haus*  teleskop = &Nachbarhaus;
```

Welche Adresse ist jetzt im Pointer gespeichert? Genau – der Speicherbaustein 800 – der Punkt also, wo der Baustein »Nachbarhaus« im Speicher beginnt. Nun würde es an dieser Stelle keinen großen Sinn machen, nach dem Wert des Pointers zu fragen – denn der Baustein »haus« ist ja selbst nur eine Verpackung, die Grundbausteine zusammenfasst. Aber dafür ist es möglich, über den Pointer in das Innere des Hauses einzudringen, etwa so:

```
teleskop->zimmer = 5;
```

wobei dieser Ausdruck gleichbedeutend ist mit

```
nachbarhaus.zimmer = 5;
```

In der Tat ist dies eine merkwürdige Operation. Denn derjenige, der im Besitz des *teleskop*-Pointers ist, hat damit nicht nur die Möglichkeit, in das Haus einzudringen – er kann es, aus der Ferne, nach Belieben verändern, umbauen. Der Besitz eines Pointers, um es noch einmal zu wiederholen, ist gleichbedeutend mit dem Besitz der Sache selbst.

Das entscheidende Zeichen in diesem Zusammenhang ist -> , das die Funktion des Punktes übernimmt.

Haben wir gesagt, dass in den zusammengesetzten Objekten der Punkt die Aufgabe übernimmt, die Verpackung aufzuschnüren, so wird dies, wenn es sich um einen Pointer handelt, von der Zeichenkombination -> bewerkstelligt. Sie bedeutet, ins Umgangssprachliche übersetzt, »steig ein!« ... Nicht wahr, Sie erinnern sich, wir haben gesagt: Der Verwaltungsbeamte wird zu dem, was er verwaltet, hier können wir sagen: der Beobachter wird zu dem, was er beobachtet ...

–Nein, ich bitte Sie, nicht noch einmal, lassen Sie uns Schluss machen für heute Abend!

Was wir gelernt haben...
und was noch fehlt

- Der Pointer ist ein mächtiges Werkzeug von C++ –, insofern ist es wichtig, das dahinterliegende Konzept zu verstehen.

- Zunächst erlaubt der Pointer, dass ich auf eine indirekte Weise auf ein Objekt zugreifen kann. Was ist der Vorteil daran? - Die Antwort lautet: Platzersparnis und Geschwindigkeit. Nehmen wir an, ich habe ein riesiges Objekt, eine Bilddatei, deren Laden alleine 20 sec dauern würde. Will ich dieses Objekt kopieren, so dauert dies ebenso lang. Benutze ich aber einen Pointer auf dieses Objekt, so hat er nur wenige Bytes.

- Ein Pointer wird gebildet, indem man dem Datentyp ein Sternchen folgen lässt:

    ```
    int* pt; // ein Pointer auf ein Integer-Objekt
    ```

- Man kann von jedem Datentyp (auch einem selbstdefinierten wie dem **zauberwald**) Pointer bilden.

- Damit ein Pointer nicht ins Leere weist, muss ihm die Adresse eines zugehörigen Objekts zugewiesen werden. Dazu benutzt man den Adressoperator **&**.

    ```
    int a = 9;
    int* pt = &a;
    ```

    In diesem Fall verweist der Pointer pt (der ein **integer**-Pointer ist) auf das **integer**-Objekt a.

- Eine solche Adresszuweisung kann nach Belieben geändert werden.

- Der Besitz eines Pointers ist identisch mit dem Besitz der Sache selbst, denn man kann über den Pointer jederzeit auf das Objekt selbst zugreifen. In ein Bild übersetzt wäre das so, als ob man den Schlüssel eines Safes in den Wald nehmen würde – und es dann, über eine wundersame Teleportierung gelänge, sich des Inneren des Safes zu bemächtigen.

- Man nennt diesen Zugriff auf den Wert eines Pointers **Dereferenzierung**.
  Wir haben also (wie eben angenommen) einen Integer-Pointer pt (**int* pt**), der auf das Integer-Objekt a zugreift. Wir wissen nicht mehr, wo das Objekt steckt, haben aber den Pointer. Jetzt soll ein neues Integer-Objekt b den Wert von a annehmen. Wir schreiben:

    int b = *pt;

    Setze ich einen Stern vor ein Pointer-Objekt, so greife ich auf seinen Wert zu (ich dereferenziere es).

- Die vielleicht wichtigste Bedeutung eines Pointers ist im vorliegenden Kapitel noch gar nicht angesprochen. Mit einem Pointer lassen sich nämlich zur Laufzeit des Programms neue Objekte bilden. Nehmen wir an, ich habe ein Array, weiß aber bei Programmstart noch nicht, wie lang es werden soll. In diesem Fall muss ich nur einen Pointer bilden, der zur Laufzeit genutzt werden kann, um ein solches Array zu erzeugen.

    ```
    int* liste;   // Definition bei Programmstart
    ...
    liste = new int[20];
    ```

    Mit dem Schlüsselwort **new** kann also zur Laufzeit ein solches Array von Integer-Objekten erzeugt werden.

Lektion 15

Verpackungskunst mit Schleife

– *Ich dachte, wir seien mit der Verpackung schon durch? Was soll es Komplizierteres geben als Schachteln, die wiederum in Schachteln stecken...*

– Werkzeugkästen zum Beispiel...

– *Werkzeugkästen?!*

– Ach, vielleicht sollten wir anders anfangen. Nehmen wir unseren altbekannten Schachtelausdruck und erzeugen den Prototyp eines Hauses:

```
struct haus
{
int zimmer;
bool rauchmelder;
} meinHaus;
```

Im Grunde kennen wir das ja schon. Neu ist bloß, dass wir in unser Haus einen Rauchmelder eingebaut haben. Dazu haben wir unseren lieben Boole herangezogen, der uns sagt, ob es brennt (TRUE = 1) oder nicht (FALSE = 0).

Nehmen wir einmal an, dass es zu brennen beginnt – und dass der rauchmelder (weil er auf TRUE steht) uns diesen Notfall signalisiert. Was macht man in einem solchen Fall? Man ruft die Feuerwehr.

Was aber würde wohl passieren, wenn es zu einem Flächenbrand kommt, wenn Hunderte von Häusern gleichzeitig brennen? Die Antwort ist vorhersehbar:

Genau dies ist das Problem, dem unsere Verschachtelungskünstler begegnet sind. Zwar hatten sie sich wunderbare Schachteln zurechtgelegt – gleichwohl waren diese Schachteln ja nicht um ihrer selbst willen da, sondern wollten bearbeitet, verändert und verbessert werden. Die Werkzeuge aber (also unsere Automaten/Funktionen), die dies bewerkstelligen sollten, waren öffentlich. Und man weiß, wie das geht mit den *öffentlichen Verkehrsmitteln*: Wenn man sie braucht, sind nicht da. – Aus diesem Grund lautete die Devise: *Help youself.*

– Auf unser Beispiel bezogen: Ich rüste mein Haus nicht nur mit einem Rauchmelder, sondern mit einem Feuerlöscher aus.

– Ganz genau. Eine Struktur sollte künftig nicht nur die Gegenstände, sondern auch die Werkzeuge zu ihrer Bearbeitung enthalten – im Grunde alles, was überhaupt denkbar ist im Computer. Was aber passiert, wenn wir im Innern unseres Hauses einen unserer Automaten aufstellen wollen, z.B.

```
struct haus
{
int zimmer;
bool rauchmelder;
if (rauchmelder == TRUE)
    {
    // dann lösch das Feuer
    }

} meinHaus;
```

Protest! Da kommt der Hausmeister, oder genauer: da kommt die Mutter des Hauses und sagt, das kommt mir nicht ins Haus! Kein Werkzeug, igitt! *If else while* – alles tabu.

Und weil die Programmierer allem und jedem widersprechen, nicht aber der eigenen Mutter, haben sie sich klammheimlich jene neue Verschachtelungstechnik einfallen lassen, die unterdes in aller Munde ist. Was freilich merkwürdig ist, weil sich niemand (außer denjenigen, die ohnehin schon Bescheid wissen) vorstellen kann, was man sich darunter vorstellen kann: OOP...

– *Ooops?*

– Nein, objekt-orientierte Programmierung: OOP.

– *Was ist denn das?*

– Das ist, wenn man endlich sein eigenes Werkzeug im Haus halten darf... Und damit das nicht so lächerlich klingt, nennt man das eben so: objektorientierte Programmierung.

Schauen wir uns einmal an, was diese Form der Programmierung von der unserer Häuslebauer unterscheidet:

```
struct haus
{
int zimmer;
bool rauchmelder;
};


class haus_mit_werkstatt
{
private:

public:

int zimmer;
bool rauchmelder;
};
```

Der erste und sichtbare Unterschied: Wo unsere Verpackungskünstler bisher das Zauberwort *struct* benutzen, steht jetzt das Wort *class*. Und dann gibt es diese beiden Wörter *public* und *private*;

– *Ja, was soll das bedeuten?*

– Das ist, wenn Sie so wollen, nichts anderes als der Beweis dafür, dass man aus Schaden klug werden kann. Erinnern Sie sich: als unsere Programmierer mit ihren kleinen Automaten ins Haus wollten, sind Sie an der Schwelle zurückgewiesen worden... Und haben dabei gelernt, dass es sinnvoll sein kann, das eigene Tun nach außen hin zu verbergen... *Public*, wie man weiß, heißt öffentlich, und *private* ...

– *Aber die Schachtel ist doch selbst eine Art Hülle, was sollte denn darüberhinaus noch verborgen werden?*

Machen wir doch einfach einmal die Probe und platzieren etwas in der Privatsphäre. Etwa so:

```
class haus_mit_werkstatt
{
private:
int geheimnummer;

public:

int zimmer;
bool rauchmelder;
} MeineButze;
```

Und was würde wohl passieren, wenn ich versuchen würde, die Geheimnummer zu ändern? Also:

```
MeineButze.geheimnummer = 7777;
```

Da würde uns der Compiler, in einem schon fast lesbaren Deutsch, Bescheid geben, dass wir kein Recht haben, dies zu tun.

```
error C2248: »geheimnummer« : Kein Zugriff auf private Element, dessen Deklaration in der Klasse »haus_mit_werkstatt« erfolgte
```

– *Aber entschuldigen Sie. Wenn wir das mit diesem Befehl nicht ändern können, wie sonst?*

– Wir müssten ein Werkzeug zur Hand nehmen, das im Haus selbst liegt. Und da bislang noch keines existiert, müssen wir uns eins zurechtbauen. Nennen wir das Werkzeug, also die Funktion, *tausche_nummer* – und platzieren sie im Innern der Klasse. Gesagt getan.

```
class haus_mit_werkstatt
{
private:
int geheimnummer;

public:

tausche_nummer(int neue_nr)
  {
  geheimnummer = neue_nr;
  cout << geheimnummer; //um es auf dem Bildschirm zu sehen
  }


int zimmer;
bool rauchmelder;
} MeineButze;
```

Und wenn wir jetzt schreiben:

```
MeineButze.tausche_nummer(777);
```

ist der Zugriff auf das geheime (private) Element möglich. Die Regel ist: Alle Werkzeuge, die sich im Inneren unseres Hauses (der *class*) befinden, können darauf zugreifen.

Jetzt haben wir also, im Vorübergehen, unser erstes Werkzeug im Innern der Klasse geschrieben – und gesehen, dass der Punkt, der die Schachtel aufschnürt, uns nun nicht mehr bloß einen Grundbaustein, sondern eine Funktion in die Hand gibt. Und so, wie wir bislang auf einen Baustein haben zugreifen können, so können wir nun eine Funktion ausführen.

Nun kann man sich vorstellen, dass wir, wenn wir mehr als ein Werkzeug dort hinterlegen, alsbald in einem vollendeten Chaos, einer nicht mehr überschaubaren Code-Wüste stehen würden. Zu diesem Zweck hat man einen kleinen Kunstgriff ersonnen (abermals ein Verschachtelungstrick). Man hat sich gesagt: Wenn ich ein Werkzeug im Haus habe (etwa einen Drillbohrer), so muss ich nicht unbedingt wissen, wie es im Innern des Bohrers aussieht. Mithin kann ich das Innere auslagern – denn das einzige, was ich wissen muss, ist, dass er im Haus existiert.

Aus dieser Erwägung heraus ist man dazu übergegangen, das Werkzeug (die Funktion) in der Klasse lediglich zu *deklarieren*, ihr Innenleben aber an anderer Stelle auszuführen. Was in unserem Falle folgendermaßen aussieht:

```
class haus_mit_werkstatt
{
private:
int geheimnummer;

public:
tausche_nummer(int neue_nr);
// hier wird lediglich erklärt, dass
// es ein Werkzeug dieses Namens gibt
} MeineButze;


haus_mit_werkstatt::tausche_nummer(int neue_nr)
{
geheimnummer = 7777;
cout << geheimnummer;
}
```

Mit diesem kleinen Kunstgriff ist die Ordnung wiederhergestellt. Damit die Klasse das ausgelagerte Werkzeug im folgenden identifizieren kann (denn es ist ja durchaus möglich, dass es eine *öffentliche* Nummerntausch-Funktion gibt) wird der Name der Klasse notiert und dann, durch zwei Doppelpunkte getrennt, der Name der Funktion.

```
klassenname::funktionsname()
{
...
}
```

Man könnte also sagen: das Werkzeug wird im Innern der Klasse erzeugt, aber es wird später (im Wortsinn) ausgeführt. Das kann man sich an einem kleinen Beispiel gut verdeutlichen. Wir hatten zu Anfang Automaten erzeugt, die etwas zurückgeben. Verändern wir unsere Nummerntausch-Funktion, dass auch sie etwas zurückgibt, und zwar: die geänderte Geheimnummer. Weil diese vom Typus *int* ist, schreiben wir nun im Innern der Klasse:

```
int tausche_nummer(int neue_nr);
```

und dann die *ausgelagerte* Funktion:

```
int haus_mit_werkstatt::tausche_nummer(int neue_nr)
{
}
```

Das einzige, wofür wir jetzt noch Sorge tragen müssen, ist, dass die ausgeführte Funktion tatsächlich einen Zahlenklotz *int* zurückgibt.

```
haus_mit_werkstatt::tausche_nummer(int neue_nr)
{
geheimnummer = neue_nr;
return geheimnummer;
}
```

– *Entschuldigen Sie, dass ich abschweife, aber mir kommt der Gedanke, ob es möglich ist, dass man auch diese Werkzeugkästen so verschachtelt, wie wir am Anfang Strukturen verschachtelt haben...*

– Aber ja. Mit der Klasse *haus_mit_werkstatt* haben wir einen neuen Grundbaustein erzeugt, den wir in eine andere Klasse einbauen, aber auch in eine Struktur hineinschmuggeln können. Und so bleibt die Mama, die sagt, das kommt mir hier nicht ins Haus, eben doch chancenlos. – Mehr noch als dies: Nehmen wir einmal an, dass wir unsere Schmuggelware nach Gebrauch nicht mehr benötigen und kurzerhand verschwinden lassen wollen. Auch für diesen Fall haben die Programmierer sich einen Kunstgriff einfallen lassen, den sogenannten *Destruktor*.

– *Destruktor? Kommt das von »destruktiv«, oder wie?*

– Nicht gerade glücklich gewählt, dieses Wort. Ich würde von einem Selbstzerstörungsmechanismus sprechen... Gesetzt also, wir brauchen einen Werkzeugkasten, den wir nach Gebrauch verschwinden lassen wollen, dann schreiben wir:

```
class werkzeugkasten    // damit erzeuge ich den neuen
                        // Grundbaustein
{
pivate:                 // hier gibt es nix zu verstecken


public:                 // das darf nicht fehlen

~werkzeugkasten();      // der Destruktor

};
```

Das ist nur der Prototyp (der so hoch hängt, dass ich nicht drankommen kann).

Jetzt erzeuge ich ein Objekt:

```
werkzeugkasten    meineZauberkiste;
```

und jetzt (dies ist der einzige Befehl, der uns zur Verfügung steht), überlassen wir es der Zauberkiste, sich selbst zu zerstören:

```
meineZauberkiste.~werkzeugkasten();
```

Was bewirkt dieser Konstruktor?
Er entfernt »meineZauberkiste« aus dem Speicher, und es ist, als wäre sie nie dagewesen. (Wohlgemerkt: nicht der Grundbaustein *werkzeugkasten* wird entfernt, sondern jenes konkrete Objekt *meineZauberkiste*, das ich nach seinem Bild erzeugt habe.)

Wo es einen *Destruktor* gibt, wird es mit aller Wahrscheinlichkeit auch einen *Konstruktor* geben – und ebenso wie dieser trägt auch er den Namen der Klasse, nur ohne das Tilde-Zeichen (~).

– Haben Sie nicht gesagt, dass die Doppelbenennung das Tabu schlechthin ist?

– Ja, aber bedenken Sie, ob hier wirklich eine Doppelbenennung vorliegt. Konstruktor und Destruktor unterscheiden sich durch das Tildezeichen, tragen also nicht den selben Namen. Und eine Doppelbenennung in Hinsicht auf die Klasse *werkzeugkasten* liegt auch nicht vor, weil es ja nicht zwei Grundbausteine mit Namen *werkzeugkasten* gibt, sondern sich beide, Konstruktor wie Destruktor, im Innern der Kiste befinden. – Dies wird sogleich sichtbar, wenn wir (wie es sinnvoll ist) Konstruktor und Destruktor auslagern:

```
werkzeugkasten::werkerzeugkasten()    // Konstruktor[1]
{
}

werkzeugkasten::~werkzeugkasten()    // Destruktor[2]
{
}
```

Tatsächlich müssen beide denselben Namen wie die Klasse tragen, denn ansonsten würden sie ja wie irgendein beliebiges Werkzeug betrachtet und nicht als eines, das über Sein und Nichtsein des Objektes entscheidet. Wenn man das grammatikalisch betrachtet, könnte man sagen, dass die beiden das Moment der Selbstbezüglichkeit beschreiben (wo ich mich erkenne, du dich, er sich etc.).

– Gut, das habe ich verstanden. Aber wozu gibt es einen Konstruktor, wenn der Schöpfungsakt auch ohne Konstruktor möglich ist?

---

[1] Regel zum Konstruktor. 1) Der Konstruktor hat keinen Rückgabewert, eine return-Anweisung in einem Konstruktor ist nicht erlaubt.

[2] Regel zum Destruktor. 1) Der Destruktor hat, wie der Konstruktor, keinen Rückgabewert, eine return-Anweisung in einem Konstruktor ist nicht erlaubt. Ebensowenig darf er (im Klammer-Schlitz) einen Wert übergeben bekommen.

– Das ist eine interessante Frage: Wozu braucht Gott eine Krücke? Freilich ist auch dies eine missverständliche Bezeichnung, verhält es sich doch eher so, wie Sie es sagen. Denn wir benötigen, um unsere Klasse zu erzeugen, gar keinen Konstruktor. – Fragt sich: welche Aufgabe dem *Konstruktor* eigentlich zukommt. Nun: diese Funktion wird immer dann aufgerufen, wenn ein neues Objekt erzeugt wird. Jedoch ist ihre Kompetenz durchaus untergeordnet, eher der eines Innenarchitekten oder eines Einrichters vergleichbar – und besteht darin, die Grundbausteine der Klasse mit bestimmten Werten auszurüsten.

```
class haus_mit_werkstatt
{
private:
int geheimnummer;

public:
int zimmer;              // hier die Grundbausteine

haus_mit_werkstatt();    // Konstruktor
~haus_mit_werkstatt();   // Destruktor
tausche_nummer();        // weist Geheimnummer zu
};
```

////// und hier müssten die Ausführungen folgen /////

Nehmen wir einmal an, wir wollten unsere Geheimnummer schon bei der Erzeugung mit einem Wert versehen, so könnten wir diese Funktion gleich in den Konstruktor schreiben:

```
haus_mit_werkstatt::haus_mit_werkstatt()
{
tausche_nummer();
}
```

Damit wäre, ohne dass wir dies eigens aufrufen müssten, der Baustein *geheimnummer* mit einem Startwert versehen. Nun könnte auch dieses Verfahren noch umständlich wirken (umsomehr, als die Geheimnummer für jedes Haus immer dieselbe wäre). Für diesen Fall besitzt unser Konstruktor, wie alle Automaten, einen Schlitz, und dieser wiederum ermöglicht es uns, bei der Erzeugung gleich einen Wert (oder auch mehrere Werte) einzuwerfen. Dazu allerdings müssen wir den Prototyp in der Klasse verändern, etwa so:

```
haus_mit_werkstatt(int wert1, int wert2);
```

Dementsprechend muss auch die ausgelagerte Funktion angeglichen werden. Sonst hagelt's Protest, denn der Compiler würde sogleich den inneren Widerspruch in unserem Automaten – einmal ohne Münzeinwurf, dann gleich mit zwei Schlitzen – bemerken. Um dem zuvorzukommen, schreiben wir:

```
haus_mit_werkstatt::haus_mit_werkstatt(int wert1, int wert2);
{
// hier würde die Zuweisung erfolgen
}
```

Und jetzt nehmen wir die Zuweisung vor:

```
haus_mit_werkstatt::haus_mit_werkstatt(int wert1,int wert2)
  {
  geheimnummer      = wert1;
  zimmer            = wert2;
  }
```

Wenn wir nun ein neues *haus_mit_werkstatt* erzeugen, gilt es nun nicht bloß, dem Grundbaustein einen Namen zu geben, sondern ist es fortan ein Muss, diese beiden Werte einzugeben, etwa so:

```
haus_mit_werkstatt MeineButze(2888, 5);
```

Auf diese Art und Weise dient mir der Konstruktor dazu, die Gestalt meines zusammengesetzten Bausteins festzulegen....

Entschuldigung, langweile ich Sie?

Was wir gelernt haben...

- In diesem Kapitel ging es um OOP, objektorientierte Programmierung. Der Sinn dieser Erweiterung, die aus der ursprünglichen Programmiersprache C die Sprache C++ machte, war der Gewinn an Übersichtlichkeit.

- Eine Klasse wird über das Schlüsselwort **class** erzeugt, etwa so:

  ```
  class NeueKlasse
  {
  public:
  };
  ```

  Sie sieht mithin aus wie eine Struktur, nur dass sie das Schlüsselwort **public** enthält. Hier finden sich alle Funktionen und Variablen, auf die man von außen zugreifen möchte, die mithin öffentlich sind.
  Hat man etwas zu verbergen, so fügt man einen Bereich hinzu, der privat ist, etwa so:

  ```
  class NeueKlasse
  {
  public:
  private:
  };
  ```

- Eine Klasse kann eigene, klassenspezifische Werkzeuge enthalten, die (je nachdem, wo sie stehen) öffentlich oder privat sein können.

- Eine solche Funktion kann man in der Definition der Klasse ablegen (dann spricht man von einer **inline**-Definition), man kann sie aber auch der Klasse nur bekannt machen und die Definition außerhalb ausführen.
  Dies ist aus Übersichtlichkeitsgründen sehr empfehlenswert. In diesem Fall deklariert man das Werkzeug in der Klasse (wobei man nur den Funktionskopf schreibt), etwa so:

  ```
  class NeueKlasse
  {
  public:
  int werkzeug();
  };
  ```

  und führt es dann später aus. Bei der Ausführung, der eigentlichen Definition muss man darauf achtgeben, den Klassennamen voranzusetzen, gefolgt von einem doppelten Doppelpunkt:

  ```
  NeueKlasse::werkzeug()
  {
  };
  ```

- In der Regel hat jede Klasse einen Konstruktor und Destruktor. Beide müssen den Namen der Klasse tragen, nur dass der Destruktor eine kleine Tilde vorangesetzt bekommt, was für das obige Beispiel so aussähe:
  ~NeueKlasse().
  Grundsätzlich werden Konstruktor und Destruktor behandelt wie jedes normale Werkzeug.

- Mithilfe des Konstruktor ist es möglich, beim Erzeugen eines Klassen-Objekts bestimmten Variablen die entsprechenden Werte zu geben. Tatsächlich ist dies die einzige Möglichkeit, die Variablen der Klasse zu initialisieren.

Zwischenspiel

Nachtstück mit Monster

In der Nacht träumt er davon, dass sich ein Monster an sein Bett setzt – und sagt, jetzt wolle es ihm eine Gutenachtgeschichte erzählen. Sonderbarerweise hat das Monster ein kleines Schildchen an der Brust (wie es die Ärzte im Krankenhaus tragen) – und auf dem Schildchen steht: Doktor Sigm. Freud. Obwohl es eigentlich keinen Grund gibt, bekommt er sogleich einen Schreck und denkt, mein Gott, jetzt geht's los, gleich fängt es an, dich zu hypnotisieren. Aber das Monster schlägt sehr elegant die Beine übereinander und schaut eher philosophisch drein. Oder verträumt (das ist schwer zu sagen). *Der Inzest*, sagt das Monster, *gewiss, der Inzest ist ein Verbrechen, aber das Schöne daran ist* – das Monster macht eine Pause und schaut noch verträumter oder philosophischer drein –, *es bleibt in der Familie.* Merkwürdige Gutenachtgeschichte, denkt er sich, aber dann sieht er, wie das Monster ein Familienalbum aufschlägt und vor Entzücken wieder und wieder laut aufjuchzt. Neugierig reckt er den Hals und sieht, wie der Vater ihm zuwinkt, nur dass er grün ist und ihm eine kleine Antenne aus den Ohren herauswächst... Das Kindermädchen ist da und es trägt einen kleinen Bauchladen vor sich her mit Süßigkeiten und Eis, und auch Mama und Györgi sind da – und das Monster juchzt und freut sich des Lebens. Was für ein Unsinn, denkt sich die Nummer Eins, und schnaubt erbost vor sich hin: Als ob alles eine Frage der Kinderstube ist. Ha! Nichts, aber auch gar nichts sagt das aus, verehrter Herr Doktor! Das Einzige, was überhaupt etwas besagt, sind meine Bilanzen, hier, sehen Sie, schwarz auf weiß... – Aber just in dem Augenblick, da er dies sagt, beginnt der Bildschirm zu flirren und verschwindet schließlich, als ein winzigkleiner Punkt, im Nichts. – Wie schade, sagt das Monster, jetzt sind sie futsch, die Bilanzen. Quatsch, sagt er, wie kommen Sie darauf? Und wundert sich im selben Atemzug, dass er das Monster siezt, aber das liegt wahrscheinlich nur an diesem dummen Namenskärtchen auf der Brust. Was fällt Ihnen überhaupt ein, dass Sie sich Doktor Freud nennen!? Ach, sagt das Monster, das ist so eine Marotte von mir. Nicht dass ich ein Anhänger des Doktor Freud wäre, eher würde ich behaupten, dass er mein Lieblingsfeind ist. Aber wie es heißt: Der Feind ist die eigene Frage in anderer Gestalt. Frecherweise applaudiert nun die ganze Familie aus dem Fotoalbum heraus, das Kindermädchen rückt ihre Bustière zurecht, so dass ihr üppiger Busen noch stärker hervorquillt, und selbst Mama schubst ihren Györgi, der ihr sozusagen am Rockzipfel, genauer gesagt: schon etwas unter dem Rockzipfel gegangen hat, wieder zurück, richtet das Haar und schaut auf gewohnt schläfrige Weise aus dem Bild heraus. Das Monster sonnt sich im Glanz seiner Anhängerschaft, bläht seinen Bauch und schaut philosophisch

verträumt ... Und er, er fummelt am Fernseher herum auf der Suche nach dem richtigen Kanal, aber stattdessen bekommt er bloß die verschiedenen Überwachungskameras auf den Schirm: wie die Jungs vom Vertrieb sich mit Dartpfeilen die Zeit vertreiben, wie Herbie am Eingang herumlümmelt und die Sekretärinnen Pralinées lutschen, Schreckensbilder eins nach dem anderen.
Dafür bezahle ich Sie nicht, herrscht er ins Mikrophon, aber das Mikrophon ist eine Schlange, die ihn boshaft anzüngelt. Jetzt sind sie beleidigt, nicht wahr?!, sagt das Monster. Blödsinn, faucht er. Ach, sagt das Monster, Sie sind nicht der Erste, der diese Erfahrung machen muss. Jeder, der programmieren will, tut dies, weil er seine Wunschgedanken in die Tat umsetzen möchte – und es ist wahr, niemals zuvor ist dies so einfach gewesen. Gesagt getan, das ist alles. Und weil es so einfach ist, glaubt man, dass man sich ruckzuck die Allmachtskrone aufsetzen kann. Sonderbarerweise denkt niemand daran, wie es ist, wenn es nur Königskinder gibt auf der Welt... – Was quatschen Sie da, sagt die Nummer Eins und schreibt gleich einmal einen Befehl, der die Eingangstür blockiert, wenn jemand seine Arbeitszeit noch nicht abgesessen hat – und wirklich, es funktioniert. Auf jeden Fall schaut der Lümmel, der da *mal eben eine Besorgung* hat machen wollen, ziemlich dumm drein, als die Tür einfach nicht aufgehen will. Und da er schon einmal dabei ist, schreibt er einen weiteren Befehl: Jetzt merken die Überwachungskameras auf, wenn jemand in ihren Sichtkreis tritt und nehmen den Betreffenden ins Visier – und während er all dies notiert, fallen ihm tausend weitere Dinge ein, die er ins Werk setzen könnte, und er schreibt und schreibt und kann gar nicht mehr aufhören zu schreiben. Z.B. werden

Listen all der Besucher erzeugt, die ins Haus hineingehen und es wieder verlassen, was jemand trinkt, was jemand isst, die Zeit, die er auf der Toilette verbringt – dies alles wird notiert. Schließlich zeichnet er auf, was seine Untergebenen an ihren Computern so treiben, auf welche Tasten sie drücken, wie schnell sie dies tun, wieviel Zeit sie vertrödeln (es ist unglaublich, wieviel Zeit ein Mensch mit Unsinn verbringt!). Und während er all diese Dinge in den Computer hackt, sitzt das Monster mit übereinandergeschlagenen Beinen, blättert das Familienalbum durch und amüsiert sich königlich – und mit ihm *toute la famille*. Ha, sagt er, denen werde ich es zeigen; aber ach, je raffinierter sein Überwachungsprogramm wird, desto mehr beschleicht ihn die Gewissheit, dass es hier irgendeine Instanz gibt, die ihm stets einen Schritt voraus ist. Will er einen Gang blockieren, so ist der Gegenstand, der dies bewerkstelligen soll, just verschwunden; will er eine Liste überprüfen, so ist sie defekt oder gelöscht – und schließlich ist das ganze wunderbare Programm, das ihn an die Weltspitze hätte führen sollen, spurlos verschwunden. Futsch, sagt das Monster, was habe ich gesagt? Alles futsch. Und die Familie juchzt und freut sich – und sonderbarerweise, aber wie ist dies möglich? sind das die Wirkungen der Hypnose?, ist ihm all dies zum ersten Mal ganz egal, der Turm, die Bilanzen, und er spürt, wie aus den Tiefen der Tiefgarage, ach, nein, aus viel tieferen Tiefen ein Gelächter aufsteigt, eine glucksende Leichtigkeit von ihm Besitz ergreift – und er denkt sich, nichts, ich besitze nichts mehr, ich bin nur so leicht ...

Lektion 15

TV total

Auf dem Fernsehschirm sind 77 Gebärdenübersetzerinnen (7 Reihen x 11) damit beschäftigt, das bereits Gesagte zu wiederholen. Immer wieder jedoch stört das Bild – und der kleine Kobold schiebt sich ins Bild. Er sitzt auf einer Art Schreibtisch. Aber dann sieht man doch, dass das, was eine Tischplatte vorstellen soll, in Wahrheit die Fernbedienung ist. Die Nummer Eins flucht laut und vernehmlich »Hat diese Wanze sich doch die Fernbedienung geschnappt« – und kriecht auf allen Vieren durch das Zimmer, auf der Suche nach Fernbedienung und Fernbedienungsentführer. Das Männchen scheint ihn dabei beobachten zu können, auf jeden Fall macht es einen überaus zufriedenen Eindruck. Es plustert sich auf, setzt sich in Positur wie der Bundeskanzler zur Neujahrsansprache und beginnt zu dozieren:

Kobold: Sooooooo. Alles Kwatsch. Hamwa nich nötich. Mussnich. Aberdalli. Wirdschon. Hopphopp.

Das Bild verschwimmt. Ein kleiner, zierlicher Mann, der trotz seiner einfachen Kleidung einen überaus feinen Eindruck macht, doziert über die französische Sandwespe.

– *Sagen Sie mal, müssen wir eigentlich noch lange weitermachen?*

– Sie meinen: überhaupt?

– Ich meine, wann habe ich diese Sprache endlich gelernt?

– Oh, ich würde sagen: Sie haben schon alles gelernt, was Sie über das Programmieren wissen müssen. Zwei, drei Kapitel, die noch erwähnenswert und wichtig sind, aber das Wichtigste haben Sie längst intus. – Das ist vielleicht das Merkwürdigste: Wann eigentlich hat man eine Sprache wirklich erlernt? Wenn Sie ein Kind fragen, ob es Deutsch sprechen kann, sagt es mit dem Brustton der Überzeugung »Ja«, auch wenn es viele Wörter nicht kennt. Und auch wenn wir wissen, dass dieses Kind vielleicht niemals die ganze deutsche Sprache (mit ihren unzähligen Fachsprachen, für Ingenieure, Chemiker, Religionsphilosophen) kennen wird, würden wir niemals sagen, dass es nicht fähig sei, Deutsch zu sprechen.

KOBOLD: If Boss wuppdich killevent. ElseElse... lprtrX größer Null is null. Kleiner NulliNulli is gar nix. Was, det funzt net. Mus funzn.

– Natürlich gibt es in der Programmierung spezielle Fragen (und Tausende von Büchern, die diesen speziellen Frage gewidmet sind), aber streng genommen haben diese Fragen nur sehr bedingt etwas mit einer Sprache zu tun. Eher ist es so, dass Sie hier die Wörter und Befehlssätze von anderen übernehmen müssen, und zwar in einer sehr eingeschränkten Bedeutung. Aber auch wenn es sich bei all diesen Dingen zweifellos um einen Akt der Programmierung handelt, würde ich nicht vom *Erlernen einer Sprache*, sondern eher vom Erlernen einer *Fachsprache* sprechen. Im Prinzip kann jedermann sich eine solche, mehr oder minder vernünftige Fachsprache zusammenbasteln, und dies gilt auch für Fächer und Disziplinen, denen es von vorneherein an Sinn und Zweck ermangelt. Nehmen wir einmal an, wir bauten uns einen neuen Grundbaustein zusammen, mit 257 Funktionen, 761 Variablen, Unterklassen usf. – und wir würden dieser Klasse den Titel *Oma_ist_doof* verleihen, so könnten wir den Basiswortschatz um all die bizarren Gebilde erweitern, zu denen unsere Phantasie imstande ist. – Ganz im Gegenteil, es wäre sogar wünschenswert, wenn die Programmierer sich etwas bildhafter ausdrückten, damit wir, die wir mit ihren Gebilden konfrontiert werden, begreifen, dass es sich hier nicht um Grundbefehle, sondern um *Erfindungen* handelt.

– *Sie meinen: diese unendlich dicken Wälzer sind nichts anderes als solche Ableitungen...*

– Ja, denn am Ende gehen Sie immer (und ich wiederhole

dies mit Ausführungszeichen: *immer!*) auf die Grundbausteine zurück, die wir besprochen haben. – Nehmen wir einmal an, wir nehmen ein solches Buch, nehmen eine Nadel und stechen irgendwo hinein, da finden wir beispielsweise

```
BOOL ChexViewDoc::OnOpenDocument(LPCTSTR lpszPathName)
{
if(!Cdcodument::OnOpenDocument(lpszPathName)
        {
        // irgendwas
        }
    return TRUE;
}
```

Nun, bis auf unseren guten Freund Bool kennen wir keinen einzigen dieser Steine, gleichwohl können wir durchaus analysieren, was hier passiert. Zunächst erkennen wir an den geschweiften Klammern, dass wir es mit einer Funktion zu tun haben, die einen Wahrheitsklotz belegt (BOOL) – und demgemäß auch zurückgeben muss. Und was sehen wir noch?

– *Das, was im Schlitz des Automaten steht* –

– Das erste, was bei einem Schöpfungsakt steht, muss, wie wir wissen, der Baustein sein, also LPCSTR. Und da LPCSTR nicht zum Grundwortschatz gehört, muss dieser Baustein irgendwo erklärt werden – und wenn wir nach dieser Erklärung suchen, werden wir herausfinden, dass er eine Variation unseres Buchstabenklotzes char ist. Was rechts davon steht ist, wie gesagt, völlig beliebig – und wir können uns denken, dass mit »PathName« das Verzeichnis gemeint ist. Und das, was davor steht, **lpsz**, wird uns nur Györgi übersetzen können, denn das geht auf die sogenannte ungarische Namenskonvention zurück...

Und der Doppelpunkt selbstverständlich. Ich würde sagen, dass links vom Doppelpunkt die Klasse steht, rechts das Werkzeug –

Ganz genau. Irgendwo (und zwar noch bevor die ausgeführte Funktion steht) muss diese Klasse beschrieben werden – und sie muss wiederum dieses Werkzeug enthalten, also so:

```
class ChexViewDoc
{
public:
BOOL OnOpenDocument(LPCTSTR lpszPathName);
...
}
```

Der Kobold tanzt und grölt, wie ein Besucher der Nordkurve.

KOBOLD: Proggt und funzt und blitzt und furzt, lpszett und lpszott, schwuppdiwupp, HungaHungaHungarinnen, gleichschenklige Ungarinnen...

– Verstehen Sie: es gibt Tausende von möglichen Ableitungen, aber all diese Ableitungen stellen keine einfachen Grundbausteine dar, sondern zusammengesetzte Bausteine, und deswegen ist es *einfach kompliziert,* diese Handbücher zu lesen. Wenn man sie denn überhaupt liest –

und nicht, in Anbetracht all dieser ungarischen Gulaschkanonen, einfach aufgibt...

Ingesamt jedoch gibt es nur wenige Grundregeln, die man beherzigen muss (und die, wenn man sie vernachlässigt, die Quelle fast aller Fehler sind). Regel Nummer Eins besagt mithin, dass man

einfach->kompliziert

denken, also vom Einfachen zum Komplizierten voranschreiten muss – niemals aber umgekehrt. Das hört sich einfach an, aber im Alltag wird man wieder und wieder dagegen verstoßen, nicht zuletzt deswegen, weil es unendlich viele Zwischengrade des Einfach-Komplizierten gibt. Nehmen wir einmal folgenden Fall. Ich habe eine Klasse, in der sich ein bereits zusammengesetzter Baustein befindet, etwa so:

```
class zauberkiste
{
public:
zauberstab meinJoystick;
};

struct zauberstab
{
};
```

Das sieht makellos aus. Dennoch wird der Compiler protestieren und behaupten, dass ihm der »zauberstab« unbekannt sei. Warum? Weil er Zeile für Zeile voranschreitet – und in dem Augenblick, da er erstmals auf den *zauberstab* stößt, ihm dieser Baustein unbekannt ist. Sowenig wie der Leser eines Romans die Erwähnung einer Figur verzeiht, die ihm der Autor noch nicht vorgestellt hat, sowenig verzeiht dies der Compiler – und er lässt sich auch nicht besänftigen dadurch, dass er später im Text darüber aufgeklärt wird. Die Lösung besteht darin, dass wir die Beschreibung des Grundbausteins vorziehen – oder, wenn dies nicht möglich sein sollte, dass wir im vorhinein erklären, dass es den Grundbaustein gibt (und später ausführen, wie er aussieht)

```
struct zauberstab;  // hiermit ist erklärt,
                    // dass es diesen Grundbaustein gibt
```

So kann das Programm durchaus immer komplizierter werden, es muss lediglich der Regel des *einfach->kompliziert* folgen.

Die zweite Grundregel bezieht sich nicht auf die Grundbausteine, sondern auf die getauften – und deshalb »zum Leben erweckten« – Objekte, und sie besagt, dass nur das beim Namen gerufen werden kann, was auf die folgende Weise getauft worden ist:

Grundbaustein->Name

Genau hier wird man immer wieder Fehler machen. Der wahrscheinlichste Fehler besteht darin, dass man ein bereits erzeugtes Objekt nochmals erzeugt, etwa so:

```
int alpha;
....
int alpha = 217;
```

Oder dass man ein Objekt, das zur Gattung der Schachtelwesen gehört, aufruft, ohne die betreffende Schachtel mit aufzurufen, etwa so;

```
class haus
{
bool hausgespenst;
} geisterhaus;

hausgespenst = FALSE;
```

Und da sich dieser Aufruf nicht im Innern des Hauses (über ein hauseigenes Werkzeug), sondern gleichsam unter freiem Himmel abspielt, ist er falsch und müsste korrigiert werden zu:

```
geisterhaus.hausgespenst = FALSE;
```

Die dritte Fehlerquelle wird darin bestehen, dass man widersprüchliche Wesen anspricht, Gebilde die also

nicht Fisch, nicht Fleisch

sind. Die Wahrscheinlichkeit für diese Fehlerquelle ist deswegen so groß, weil z.B. ein Automat einmal in der

Schachtel definiert wird, dann aber außerhalb der Schachtel genauer ausgeführt wird – also in doppelter Form in Erscheinung tritt. Das gleiche gilt für Klassen oder Strukturen, wenn sie, um anderswo eingebaut werden zu können, im vorhinein *erwähnt* (oder wie der Fachausdruck lautet: deklariert) werden, bevor sie dann – sehr viel weiter unten – eine genaue Beschreibung erfahren.

Die vierte Fehlerquelle besteht darin, dass man ein Objekt anspricht, dass es nicht gibt, dass also der

Empfänger unbekannt

ist. Nehmen wir einmal an, wir haben 3 Etikettenaufkleber und 2 Karteikarten

```
int plz[2] = {1065; 1099);
int  aufkleber[3];
```

und wollen nun die Postleitzahlen zuordnen:

```
for(int i = 0; i < 3; i++)
{
aufkleber[i] = plz[i];
}
```

Was würde passieren? Beim ersten Durchlauf würde der aufkleber[0] den Wert 1065 erhalten, beim zweiten Durchlauf würde der aufkleber[1] den Wert der plz[1] erhalten (also 1099), beim dritten Durchlauf jedoch wäre plz[2] gefragt – die es nicht gibt.

Noch schwieriger wird es, wenn ein leerer Pointer angesprochen wird.

Die letzte große Fehlerquelle liegt dort, wo man mit dem Code von anderen zu arbeiten hat – und wo es überaus schwer ist zu entscheiden, ob etwas ein platonischer Grundbaustein oder ein konkretes Objekt ist. Tatsächlich bildet die

Babylonische Sprachverwirrung

die eigentlich komplizierteste Fehlerquelle: Denn man weiß doch nicht, worauf sich das, was man liest, bezieht: auf einen einfachen oder auf einen zusammengesetzten Grundbaustein, auf den Prototyp oder auf das Objekt selbst. Häufig kann eine solche Unsicherheit nur unter Mühen geklärt werden. Bedenkt man, dass schon der selbstverfasste Code nach einigen Wochen große Leseschwierigkeiten mit sich bringt, kann man sich leicht ausmalen, dass der Code, den ein anderer Mensch verfasst hat, der Unleserlichkeit nahe kommt – ja, dass man geradezu das deprimierende Gefühl haben kann, vor einer hieroglyphischen Geheimschrift zu stehen.

Eine der hässlichsten Erschwernisse hier ist, dass Programmierer ungern die eigene Arbeit kommentieren (also auf die wichtigen // Kommentare verzichten, die das Programmiergeschehen in unsere Sprache zurückübersetzen

zen), des weiteren, dass sie eine bedenkliche Vorliebe für kryptische und kurze Variablennamen haben (hdbc, ummff, rrgghh, wosh!!!) – was sparsam sein mag, die Rückübersetzung eines kurzen Textes aber so kompliziert macht, dass man ebensogut auch Albanisch oder Ungarisch lernen könnte.

Lektion 19

Das Ende der Geschichte

Und wie endet diese Geschichte? Weiß der Himmel! Was macht ein Autor, wenn ihm seine Figuren davonlaufen? Naja, er hält die Stellung – wie ein Kapitän, der mit seinem Schiff unterzugehen bereit ist. Was sollte er sonst tun? Und wenn das Ende der Geschichte schon unvermeidlich ist, vertreibt man sich die Zeit mit der Buchhaltung der Verluste, alsda sind:

```
Ein großes Taschentuch
Ein Sofa (aber das war sowieso reif für den Sperrmüll)
Mein gutes Gedächtnis
23 Telekom-Aktien
```

Was den Konzern anbelangt, so hat er sich in alle Himmelsrichtungen aufgelöst. Nicht sofort, nicht Knall auf Fall, nur ganz allmählich. Am Anfang summte die Losung Synergie-Synergie durch die Räume, dann hörte man einen Männerchor eine Hymne auf die *Kernkompetenz* anstimmen, dann sagte man: »Kein Kommentar« – und schließlich, nach lautem Geschrei, einem kurzen, schrillen Wortwechsel, war wirklich kein Mucks mehr zu hören. Stille. Ich weiß nicht wann (mein Gedächtnis hat gelitten, wie gesagt), aber irgendwann traute sich doch eine kleine, tapfere Angestelltenschar hinauf in den 157. Stock. Und es war, in der Geschichte des Konzerns, das erste Mal, dass sich Angestellte dazu erdreisteten... Oder waren es doch Abgewickelte? Oder die aus der Auffanggesellschaft? Ach, das ist im Grunde egal, denn es gibt keine Geschichte mehr zu erzählen, nur diesen kleinen Geschichtsbankrott – also, wie die Geschichte verpufft, sich in nichts und niemanden mehr auflöst. Eigentlich ist alles wie immer. Im Vorzimmer sitzt die Sekretärin, aber wenn man sie anspricht, vermag sie auf keine Frage mehr eine sinnvolle Antwort zu geben. Stattdessen erhebt sie sich und beginnt das Telefonbuch von Abbenrode zu rezitieren (überaus gefühlvoll übrigens, und als sie *Abendroth* sagt, gibt es keinen in der Zuhörerschaft, der nicht zumindest ein wenig gerührt ist). Als sie sich wieder gefasst haben, betreten sie schließlich den Raum, in dem wir uns die ganze Zeit über aufgehalten haben – und sogleich werden sie von einem heftigen, wirbeligen Luftzug erfasst. Denn in der Decke des Raums klafft ein großes, großes Loch. Tauben flattern durch den Raum. Auf dem Fußboden Taubenkot, längst schon zu einer betonharten Schicht getrocknet. Der eine oder andere der Eindringlinge erhascht einen Zettel, aber alles, was dort zu lesen ist, sind Ausdrücke wie:

```
if (Gott == TRUE)
{
Gott = FALSE;
}
else
{
Gott = TRUE;
}
```

Ein graues Männchen – das eigentlich nur durch seinen dürren Vollbart besticht – liest ihn und schüttelt missbilligend den Kopf: Das ist doch vollendeter Blödsinn, sagt er, vollendeter Blödsinn! Weiß Gott, vielleicht gibt es doch eine Gerechtigkeit auf der Welt, auf jeden Fall fährt just in diesem Augenblick eine Windbö ins Zimmer, schnappt sich den Kandidaten und wirbelt ihn, nein, katapultiert ihn geradezu durchs Loch in der Decke in den Himmel hinauf... und man sieht, wie er kleiner und kleiner wird und irgendwann nichts mehr ist als ein Pünktchen in einem Meer aus Blau...

Register

ActiveX , 114
Adressoperator (=&), 201 f.
Alberti, Leon Battista, 53
Arrays, 154 ff., 162, 163
    Adressierung, falsche, 246
    Buchstaben-Arrays, 156 f., 162
    int-Array, 158
    Indizierung eines A., 162
    Mehrfach verschachtele A., 164
    struct-A., 168
    A. und Strukturen, 177

ASCI-Code, 37, 49, 52, 62 ff.

Betriebssystem
    Wandel der B., 69

Bibliothek (= Library) 110 ff.,115

Bit, 41 ff., 49
    8-Bit etc-Codierung, 44
    Addition, 46

bool, 117

Boole, George, 118 ff.

byte, 64 f., 75, 83

C, 27

cast (= Typenkonversion) 72 f., 76

char 63, 66 f., 83
    Eingabe von c.-Werten, 101

Arrays von Buchstaben, 156 f., 198 f.

class (= Klasse), 220 ff.
 Definition, 232
 Definition einer Funktion, inline, 222
 Definition einer Funktion, extern, 224, 233
 Deklaration einer Funktion, 224, 233
 Destruktor, 226, 233
 Tilde, 227
 Konstruktor, 227, 233
 Wertzuweisung, 230 f.
 Punkt-Operator, 223
 private, 221
 public, 221
 Zugriff auf Klassenelement, 223

Compiler, 28

Compilermeldung, 174

conio.h, 153

cout, 105, 110

Datentyp,
 neuen D. erzeugen, 177

dll, 114

EAC Unicode, 75

executable (= ausführbares Programm, *.exe), 28

FALSE, 122, 125, 207

Farbauflösung, 49

Fehlerquellen der Programmierung, 243 ff.

float (= Datentyp), 76

for, s. **Schleifen**

Fortran, 27

Frege, 120 f.

Funktion, 95 ff., 106
    Definition, 100
    Eingabewert, 96 f.
    Prüfung des Eingabewerts, 101
    Return-Anweisung, 99, 106
    Rückgabewert, 100 f., 106
    Funktionskopf, 106
    Funktionsrumpf, 98, 106
    Grundbaustein, 84, 93
    Analyse von Funktionen, 241 ff.

Header-Datei, 113 f., 115

if-then-else, 116 f., 127, 138

include (= #include), 111 f., 115

Inkrementierung (++), 145

int, integer, 68 f., 83
    Zahlenbereich 70, 75 f.

Interpreter, 28

Java, 27

Kanji, 75

KiloByte, 75

Kryptographie, 53

Lego, 61 ff.

long, 71 f.

main, 88 f., 94

Maschinensprache, 26

new, 216

Objektorientierte Programmierung, 28, 219 ff.

Pascal, 27

Pointer, 197 ff., 215

Definition, 209
Dereferenzierung, 211, 218
new-Operator, 218
P. und Datentypen, 204 ff., 209
P. und struct, 215
-> Operator, 215
Zuweisung einer Adresse, 208, 210
Zugriff auf den Wert des Pointers, 212 f.

Rechenoperationen
+= (Addition), 76
-= (Substraktion), 76
/= (Division), 76
*= (Multiplikation), 76, 105

Rekursion, 93 f.

Schleifen
while-Schleife, 145 ff., 154
for-Schleife, 150 ff., 154, 161, 163, 192
do while-Schleife, 155

Semikolon (= Befehlsanweisung), 78;

Spaghetti-Code, 27

switch, 142 ff.
default-Anweisung, 144

struct, 168 ff.
Definition einer Struktur, 168, 174, 179
Erzeugung eines s.-Objekts, 168 f.
s. als Array, 170, 196 f.
Ansprechen der s.-Elemente, 175, 198
Array in Struktur verwenden, 177

Tastatureingabe
kbhit (= Tastatureingabe), 154
getch (= zeichenweises Einlesen der Tastatureingabe), 154

TRUE, 127, 219

Umlaute (Tabu der U.), 106

Variable, 31 ff.
    Definition einer V., 79 ff.
    Doppelbenennung, 191 f., 227
    Ein-Wort-Regel, 34
    globale V., 192, 196
    Initialisierung, 93
    lokale V., 192, 196
    lokale vs. globale V., 190 f.
    Namensgebung, 85
    Problem der Doppeldefinition, 86

Vergleichsoperatoren, 127
    Unterscheidung vom Zuweisungszeichen = , 127
    > (größer als), 124 f.
    < (kleiner als), 125
    == (gleich), 125, 130 f., 133 f.
    != (ungleich), 135, 153
    = = = (Typenvergleich), 130 f., 134

Wenn-Dann-Anweisung (s. if-then-else)

widechar, 77

while, s. Schleifen

winmain, 94

Zuweisung, 129, 132 f.

---

weiterführende Hinweise (Programmierungstipps, Ergänzungen zum Buch) finden sich im Internet unter

http://semele-verlag.de/Fibelkorn.html